freedom letters

Слова
України

№ 56

Анатолий Стреляный

Чужая сперма

Ахтырский дневник

Freedom Letters
Сумы
2023

freedom letters

Сайт издательства freedomletters.org
Телеграм-канал freedomltrs
Инстаграм freedomletterspublishing

Издатель *Георгий Урушадзе*
Технический директор *Владимир Харитонов*
Художник *Даниил Вяткин*
Редактор *Георгий Урушадзе*
Корректор *Юлия Гомулина*

Издательство и автор благодарят Викторию Сергиенко
(International cultural and educational foundation UHOLOS)
и Дмитрия Волчека.

Анатолий Стреляный. Чужая сперма: Ахтырский дневник. —
Сумы : Freedom Letters, 2023.

ISBN 978-1-998265-09-1

В книге собраны заметки и очерки Анатолия Стреляного
(@AnatoliStrelianyi), написанные в Украине в 2022–2023 годах.
Анатолий Стреляный (р. 1939) — журналист, писатель, был
комментатором проекта «Намедни. Наша эра», работал на
радиостанции «Свобода», где вёл передачу «Ваши письма».

Здесь собраны мои заметки военного времени. Надо ли объяснять, что речь идёт о войне России против Украины, начавшейся 24 февраля 2022 года? Разумеется, я не сразу решился дать им название, которое может показаться не совсем «культурным». Но тот, кто дочитает до конца — а многие ведь оттуда и начинают, — убедится, что более точное название подобрать было невозможно.

2022

4 февраля. Гетманы и цари

Почему Украина не любила всех своих гетманов? Не потому ли, что они это разрешали или не могли запретить?

Почему Россия любила или хотя бы почитала своих царей и цариц? Не потому ли, что попробуй его/её не любить? Тем более что он/она не хухры-мухры, а помазанник/помазанница Божья.

Почему в Украине не было гетманов-женщин, а в России женщины-царицы были? Потому что гетманство не передавалось по наследству, а царствование передавалось.

Теперь понятно, почему в современной Украине немыслим президент с 20-летним стажем, а Россия без такого себя, кажется, не представляет?

19 февраля. Местоимения

Ахтырка. 50 километров до границы с Россией, солнечное утро. Очереди к банкоматам, заправкам и аптекам. В продмагах людей не больше, чем обычно. Звучат два местоимения: «наши» и «они».

24 февраля. Ясным днём

Через Поповку сегодня прошла колонна танков — люди насчитали более сто двадцати. Поповка — село прямо на границе с Россией. Там сейчас вырублено электричество. От Поповки до моего села примерно 30 километров. Видимо, как раз эта колонна прошла и через моё село куда-то вглубь страны. Куры шарахались от танков.

«Сначала шли белые танки, — пишут мне из Поповки, — потом зелёные, кроме того, БМП, САУ, «Уралы» с военными, всего наши насчитали свыше двухсот единиц техники. Последними шли медицинские машины. Один танк сломался недалеко от школы, его будто бы там и бросили. В Луговке оккупанты роют окопы».

Это то, что мне написали. А устно другой человек поделился своим впечатлением от русских солдат в машинах:

«Сидят оцепенелые, по сторонам не смотрят. Как зомби. Понятно: ребята не знают, чего ждать из-за каждого забора».

Весь день был солнечный, снег почти везде растаял.

25 февраля. Как на заказ

Около семи утра сел к компьютеру, минут через двадцать началась пальба справа — танковые орудия и танковые же пулемёты. То затихнет, то опять. Взрывы снарядов похожи на глухие тяжёлые вздохи.

Погода опять как на заказ. В окно со стороны стрельбы ломится солнце.

27 февраля. Близкородственные связи

До последних дней приглашение в гости означало, что тебя, как явишься, проведут в горницу, где усадят за стол.

Теперь моя давняя, не самая молодая подруга, чуточку шамкая, говорит: «Приходи, Толька, ко мне в погреб. Он у меня всем забит. Там и выпивка, и закуска, и постель, и свечки есть, чтобы было не очень темно».

При первых звуках войны — а это не только стрельба, но и грохот броне- и прочей техники, три колонны которой, а в каждой — от сотни и больше единиц, прошли через моё село — люди кинулись приспосабливать к новой жизни свои погреба, спуская в них всё то, чем заманивала меня моя подруга.

К ней я не пошёл, а пробрался в одно из соседних сёл к приятелю. Он фермер, в последние колхозные времена успел отличиться молодым агрономом. Село его русское. Местность здесь пограничная, украинские и русские сёла идут вперемешку. Гриша свой погреб тоже приспособил к новым обстоятельствам, но сидим мы пока не в нём, а в летней кухне возле печки.

Сидим, прислушиваясь к стрельбе вокруг и поглядывая — некуда правды деть — на погреб. Я пришёл со своим напитком, но от него Гриша отказался — выставил свой. «Если будем живы, то как-нибудь дойдёт очередь и до твоего творчества».

Погреб — кто не знает — это в наших местах объект, к возведению которого относятся почти так же серьёзно, как и дома. Над подземельем возвышается высокая кирпичная надстройка с тяжёлой дверью. Открыв её, по ступенькам спускаешься вниз. По существу, это семейное бомбоубежище, в чём сейчас убеждается молодёжь, а глубокие старики знают со своего военного детства.

На него, на это бомбоубежище, поглядывая, а к стрельбе прислушиваясь, мы и обсуждаем с Гришей животрепещущее: почему Запад отзывается на происходящее у нас в эти часы и минуты мягче, чем нам хотелось бы.

— Дак ведь мы для них чужие, — говорит Гриша. — Что русские, что украинцы. Наша война для них — драка между своими. Два в драку — третий в сраку.

Нам с ним такие драки не в новость. Мы знаем о них — конечно, не всё, но и не так уж мало — от наших дедов, а не только из книг.

Тут недалеко, а если напрямик через лес, то совсем близко, русские солдаты, только услышав что-то подозрительное с одной стороны дороги, бросились в другую. Оставили свою машину, оружие в ней, прочие армейские пожитки.

В другом селе такие же солдаты охотно, как обычные проезжие, вступили в разговор с местными жителями. Это, кстати, было в моём селе. От одной колонны отстала машина с личным составом. Слетело колесо. Солдаты выбрались на дорогу, стали менять его, разминаться. К ним подошли местные женщины. Любопытство сельского жителя, особенно женского пола, есть нечто такое, чего не может унять никакая опасность.

Люди (да, люди) спокойно, правда, без обоюдных улыбок разговорились о том о сём, солдаты попросили воды, получили её, утёрлись кто ладонью, кто рукавом, сказали спасибо, забрались в свою машину, сообщив вскользь, что Путин дал Зеленскому полтора суток на сдачу, и отправились дальше, в сторону Киева.

Отправились в сторону Киева, чтобы где-то по дороге, может быть, разделить судьбу кашеваров, навсегда оставшихся в лесу на трассе Сумы — Ромны.

Шли полем вдоль дороги два местных охотника с ружьями, рассказывает Виктор Бобиренко из Сум, увидели в лесополосе русскую полевую кухню, дымок из неё, втянули своими чуткими — охотничьими! — ноздрями запах каши, вскинули, недолго думая, ружья. Двух кашеваров, завхоза и водителя убили, машину подожгли, в кашу наплевали.

Народная война — она под стать названию селения, возле которого это произошло: Вовковцы.

Такие они, близкородственные связи. На одном краю села чужому, хоть и близкородственному, солдату вынесут воды, а на другом его убьют.

Стрелковое оружие, кстати, украинская власть раздаёт всем желающим гражданам прямо с грузовиков, нужно просто показать паспорт, а по знакомству, по настроению — и без. Что касается не винтовки, а автомата, то его можно получить только по блату, рассказывает Бобиренко — такой, значит, большой на него спрос.

…Ставлю точку. Стреляют. Глянул на часы — 9.41 утра.

27 февраля. В Ахтырке

Нахожусь в Ахтырке Сумской области. В этом городе когда-то учился на учителя начальных классов. Сейчас в нём около 40 тысяч жителей. Обстреливая его, русские попали в детский сад. Около 70 человек ранены, один раненый ребёнок умер в больнице.

Танки и прочее стоят на самой окраине, на трассе Харьков — Сумы, время от времени открывают огонь по городу. Стреляют редко, один зловеще глухой залп услышал сквозь сон рано утром, другой, по сравнению с тем безобидный — только что.

Перед тем побывал на нескольких улицах, это в самом центре, вокруг базара. Возле закрытого входа в него посреди улицы увидел украинского солдата с автоматом. Светофоры не работают. Летают редкие легковушки. Они здесь и в мирное время двигаются со скоростью дикарей, и нет на них управы, а сегодня именно летают.

Людей в центре мало, большинство — мужчины, сосредоточенные и быстрые, но попадаются женщины, молодые и старые, те ещё быстрее и деловитее.

Всё закрыто, кроме пары-тройки маленьких продовольственных лавок в укромных местах.

Побывал во всех.

Покупателей ни много ни мало, не толпятся, не препираются. Поразили продавщицы. Такой быстроты, расторопности и притом спокойствия и приветливости от них не ожидал. Вообще не представлял себе, что возможна такая шустрость обслуживания. Продавщицам помогают мужчины — хозяева лавок, явно возбуждённые ввиду неожиданно привалившей удачи со сбытом.

…Вот опять стреляют, это примерно в километре от места, где сижу. Похоже на взрывы грома во время грозы.

28 февраля. На тот свет

Когда смотришь на догорающие русские танки на украинском большаке, когда слушаешь, как разбегается или сдаётся в плен молодой и молоденький личный состав русского войска, а по ходу наговоришься с отставными офицерами-украинцами еще той, советской, армии, то чувствуешь себя способным почти уверенно ответить себе на вопрос: в чём все-таки дело? Что там с ним, с высшим русским политическим и военным руководством?

…Кстати, подбитый БТР горит ровно сутки — сам засекал время в Чечне.

Тут вряд ли скудоумие и бездарность в обычном смысле этих слов.

Скорее, это беспечность — родная, впрочем, сестра и скудоумия, и бездарности.

Они просто-напросто не знали, что Украина будет сопротивляться и как она будет это делать.

Им не приходило в головы, что городские бомжи, живущие со сдачи пустых бутылок, понесут их на пункты, но не на привычные им пункты приёма пустой посуды, а на те, где женщины наполняют их горючкой, готовя коктейли для угощения русских гостей в их танках.

2 марта. Хотят жить

Моя передача «Ваши письма» на радио «Свобода» давно не выходит, а некоторые слушатели продолжают мне писать — по старой памяти.

«Мы (россияне) отлично знаем и понимаем, с кем мы там встретимся. С кем? С бандерами. Которых поубивать мало. Да, знаем, знаем про бандер всё. Что враги России они и хотят её уничтожить. Даже задаром. А уж если за это „удовольствие" им ещё кто-то хочет заплатить (долларами), так они тем более рады стараться. Потому МЫ и начали драку. Как Путин ещё сказал: если драка неизбежна, надо бить первым. Чего ждать?

Чтобы вооружились получше? Нет уж, нам дешевле во всех смыслах сейчас вас прижать, а самых буйных утилизировать. Другого слова не нахожу».

Мне кажется, этот человек верит всему, что пишет, кроме того, что «бандеровцы» хотят уничтожить Россию. В это он не может верить, тем более что этого не говорит и Путин.

Путин говорит несколько иначе, и большинство населения России понимает его так, как он и хочет, чтобы его понимали.

«Нацики», «нацисты» в его устах — это украинцы, которые хотят, чтобы в Украине стало преобладать украинство.

Тот же смысл он со своим большинством вкладывает и в слова «бандеры», «бандеровцы», «бандеровщина».

«Денацификация» в его устах — это прекращение украинизации Украины.

Так его понимает и таким его одобряет русское большинство.

Оно — по-советски! — не против видимости украинства, но решительно против украинства подлинного.

Оно — так и быть — не против даже в какой-то степени и подлинного украинства в Украине, но чтобы там привычно преобладала русскость — чтобы русское было впереди и выше.

Этого хочет Путин, этого хочет и подвластное ему население.

Слова с виду не по делу, пустые слова (ну какая на хрен «нацификация»?!), в них брехня, лукавство, дикие преувеличения и передергивания, а вот содержание не пустое.

Слова не те, а смысл их тот. Смысл всё тот же, что всегда: Украина не должна быть Украиной и частью Запада.

Думать, что если поставить в Киеве угодное Москве правительство, то Украина навечно остановится в своем движении к себе, — наивность. В глубине души русский человек это знает, но ему хочется жить, а жить для него значит господствовать там, где он привык.

Ну и главное. Война окончательно изменит тот смысл, который до сих вкладывали русские в слово «бандеровец».

До сих пор это слово означало «сознательный воинственный украинец». Теперь оно будет означать: «сознательный воинственный украинский гражданин-государственник».

4 марта. Сам считал

Как на чудо набрёл на маленький продмаг, взял последние три упаковки сметаны. Спросил каких-нибудь консервов, хозяин из подсобки вынес две банки сардин. «Больше не дам, другим тоже надо». Ну и правильно, и хорошо, на пару дней я обеспечен. Был и хлеб, но им я не закупился, ибо пока следую известной заповеди против углеводов.

Вчера русские разрушили городскую ТЭЦ — «градами» или чем-то ещё, не разобрал. Прогремело страшно, тем более что совсем недалеко от меня с моим компом. И затихло. Тихо и сейчас, в 11.52 следующего дня. Батареи холодные, но у меня есть электрическая, а ток пока бежит или течёт — как лучше сказать?

Только что пришла эсэмэска на украинском языке. Перевожу: «Действия в случае взрыва рядом с тобой: ляг на землю и прикрой голову руками. Воспользуйся доступным укрытием. Не спеши покинуть укрытие. Помоги раненым. Не заходи в повреждённые строения».

Спасибо, друзья, так и буду делать, если что.

5 марта. Перед расправой

— Кончится война, — говорит он ей несколько раз на дню, особенно увлечённо — после очередной бомбёжки, — кончится война, и мы с тобой наконец распишемся и станем жить вместе. Сколько можно, в самом деле, так: сбежались на полсуток — и по домам.

Она мягко уточняет, что это «по домам» к ней не относится — она-то остаётся у себя.

Он продолжает мечтать, а она думает: к добру ли такие его мечтания, такие речи? Не опасно ли так уверенно планировать счастье и так настойчиво ожидать его?

— Что посоветуете, Анатолий Иванович? — обращается ко мне.

— Просите у Господа всего, что вам хочется, и даже больше, но в конце обязательно добавляйте: да будет воля Твоя, Господи, а не моя!

Она видит, что я ёрничаю, и всё равно ей, признаётся, становится легче.

Ей 37 лет, у неё двое детей от двух неудачных замужеств. Ему — под 50, у него жена, два взрослых сына. Жена знает, что он живёт на две семьи, но расправу над ним готовит ко дню, когда он окончательно уйдёт из их общего дома — такого большого, что его можно принять за многоквартирный.

Он и по виду, и по нутру немного дёрганый здоровяк, жена у него тучная, властная, подруга несколько стройнее и мягче, чем, видимо, и держит его при себе уже не один год. У них на двоих небольшой продмаг — небольшой, но в прибыльном месте — возле автовокзала. Они гордятся, что война не заставила их, как других, поднять цены.

7 марта. Барвинок

Вчера (6.03.22) русская ракета (или что-то вроде) попала в школу № 2. Это недалеко от меня. Задело и близлежащие дома.

Когда-то это была русская школа — единственная в Ахтырке. Остальные десять были украинские. С 90-х годов стала украинской и эта. Вчерашний удар по ней выглядит как своеобразная русская ответка: так не доставайся ты никому!

Первым об этом попадании мне сообщил Александр Юрьевич Науменко.

Он не против того, чтобы я называл его выдающимся психиатром и гениальным мануальщиком. Психиатр он по образованию, а мануальщик — по многолетней, в высшей степени

удачной частной практике. Ученик знаменитого Касьяна. В ахтырском медицинском мире ни у кого нет и такой головы, как
у него. Я говорю о причёске: густые, хоть и седеющие, волосы
до плеч. В кругу друзей он также славится как человек с гитарой, исполняющий популярные песни.

Интересуюсь, чем он занимается в эти дни. Они у него
вынужденно свободные. Война вылечила многих охотников
ходить по докторам. Так обычно бывает в тёплые времена года,
когда всего человека требует его сад-огород.

— В эти дни Саша обновляет свой репертуар: пополняет его
украинскими народными песнями — целыми днями трясёт
своей гривой над гитарой, — говорит его супруга и помощ-
ница по работе Анечка.

— Дело приятное и нужное, — говорит он, — но не такое простое. Нотной грамотой я, к сожалению, не владею,
и в шестьдесят лет она уже мне не по зубам, так что полагаться
приходится только на слух, а тут ещё интернет барахлит.

Сегодня он освоил одну из тех песен, которые мне нравятся
больше других.

Несе Галя воду, коромисло гнеться.
За нею Іванко, як барвінок, в'ється…

Замечательное сравнение.

Барвинок — это особый плющ. По западноукраинскому
поверью, он появляется на могилах невинно убиенных.

8 марта. Не вонять

Прошлой ночью сквозь первый сон услышал страшный гул
самолётов (или самолёта) и взрывы. За час с чем-то насчитал
четыре налёта. Метались снопы света, звенели стёкла. Досы-
пать решил на полу в ванной, куда перенёс комп, электробата-
рею и кое-какие бумаги.

Встал около семи, позавтракал, вышел на улицу. В подъезде
дома, где сейчас обретаюсь, были выбиты окна, на что обратил

внимание, только когда затрещали стёкла под ногами. Тротуар был усыпан осколками окон из квартир. Сновали немногие прохожие. Выбитые стекла уже заделывали фанерой молчаливые молодые мужчины.

Прошёл ещё немного и увидел разрушенную часть центра. Не стало мэрии, повреждён большой дом культуры, много магазинов, на одном углу увидел воронку глубиной метра три и метров пять в диаметре. Тротуары по обе стороны главной улицы были усыпаны обломками. Их уже разбирали, складывали в грузовики.

Отдельно от всех старая женщина подметала перед своим подъездом — точно так, как в мирное время.

Попадались вооружённые солдаты украинской армии и территориальной обороны. На углу Киевской улицы в похожей на скворечник церквушке киевского подчинения шла служба.

Среди разрушенных торговых точек увидел одну целую, толкнул дверь — она открылась, и я оказался один на один с молодой спокойной продавщицей. Спросил, где хозяин. «Да вон, напротив, разбирает, что нападало». Консервов уже никаких не было, купил пять пакетиков сливок.

Перед выходом, пока есть такая возможность, принял душ. Не вонять же из-за того, что Путин с Михалковым, Кудрин с Чубайсом, Татьяна Н. Толстая с Прилепиным и с миллионами их соотечественников решили разрушить этот безобидный город на Ворскле.

На ум не могли не прийти знаменитые строки:

> Куда отдвинем строй твердынь?
> За Буг, до Ворсклы, до Лимана?
> За кем останется Волынь?
> За кем наследие Богдана?
> Признав мятежные права,
> От нас отторгнется ль Литва?
> Наш Киев дряхлый, златоглавый,
> Сей пращур русских городов,

Сроднит ли с буйною Варшавой
Святыню всех своих гробов?

Уже, похоже, сроднил.

9 марта. Городские разговоры

Российские танки, артиллерийские самоходки и что там ещё бьют по городу слева, с шоссе Харьков — Тростянец. Здесь говорят «гатят». Гатят не всё время и не подолгу, и нельзя понять, то ли это они по ходу боёв, то ли просто по настроению.

О том, куда падают снаряды, ракеты, бомбы, людям, сидящим в подвалах, погребах или почти безвыходно в запертых квартирах, известно мало и, конечно же, не точно. Поэтому первый вопрос в разговорах: «Что говорят?» То есть что происходит, что разрушено, сколько пострадавших. Мобильники работают в том же режиме, что и в мирное время, — непрерывно.

Было страшное попадание в воинскую часть минутах в десяти ходьбы от меня. Там располагалось, кажется, сапёрное подразделение. Два дня я не решался позвонить в село своему приятелю слесарю-газовщику Сергею. Его сын служит в той части. Когда решился позвонить, то услышал, что Петька живой. «И все мы пока что живы», — сказал Серёга о семье и односельчанах.

Я спросил его, что рассказывает о налёте Петька: правда ли, что это была вакуумная бомба, что там мгновенно погибли до 70 человек. Сергей ответил, что об этом он сына не спрашивал, а тот не рассказывал, потому что оба не дураки — понимают, что в такое время о подобных вещах не следует распространяться ни по телефонам, ни при встречах. «Лучше — ни о чём, Анатолий Иванович», — сказал Сергей наставительно.

Это одно из правил военного времени; они здесь сами собой установились с первых часов, если не минут, войны. В начале или где-то в середине любого разговора тебе напомнят, что об этом калякать не следует. Поэтому большинство разговоров сводятся к обмену одним и тем же вопросом: «Что говорят?» — ответы на который или никакие, или крайне расплывчатые.

Людей на улицах или вовсе не видно, или их очень мало; дня два я не видел ровным счётом никого, потом стали появляться. Выйдя из своего подъезда, первым, кого увидел, была молодая женщина с лицом, явно подготовленным для появления на людях: подкрашенные губы, подбелённое лицо. Она быстро шла с двумя сумками, одной обычной, другой очень большой, но несла её легко.

На мой вопрос, не тяжело ли ей, она подняла к моему лицу большую сумку и сказала, что внутри памперсы для её близнецов, а на вопрос, зачем так много этого товара, ответила, что никто не знает, сколько еще будет длиться пальба по городу. Необидно для меня съехидничала: «Может, вы знаете?»

Следующим встречным оказался крупный мужчина тоже с двумя торбами, обычной и большой. Охотно объяснил мне, что большая торба набита кормом для кошек и собак, а в той, что поменьше, харчи для семейства. Говоря о своих кошках и собаках, отозвался о них так, как и следовало ожидать: «Хоч бы воны уси попэрэдохлы». Пусть бы они все околели. Я спросил, почему же в таком случае он так щедро для них закупился. «Так они же пока живы, мать их так! Все мы пока живы».

Эти встречи произошли аккурат возле базара, открытого, но совершенно пустого, только у самого входа работал ларёк с тем самым кормом для домашних животных. Я спросил продавщицу, какая надобность заставила её выйти на работу, когда все кругом сидят по домам. «Нужда заставила, — сказала она. — Кошкам и собакам люди не объяснят, что идёт война и по нам стреляют».

С одной её покупательницей я разговорился. Ей каждый день звонит дочка из России — там она, по словам матери, работает балериной — и рассказывает ей, что в Ахтырке и в окрестных сёлах русских воинов встречают хлебом-солью. «Я её спрашиваю: „Ты, блядь, в своём уме?“» — на что дочка отвечает, что она балерина и поэтому лучше знает, можно сказать, видит внутренним взором (я забыл, из Москвы или из Петербурга), что делается в Ахтырке и вокруг.

Встречи жителей окрестных сёл с оккупантами действительно происходят, нам с матерью балерины это известно, но какие это встречи? Солдаты бросают свои оставшиеся без горючего танки и разбегаются по сёлам, перепуганные и вместе с тем злые, потому что усталые и голодные, могут ограбить сельмаг, залезть к кому-нибудь в погреб. Жители их ловят и сдают властям — сдают, как выразилась моя собеседница, в пригодном для обмена виде. Их не бьют, не дразнят, вообще относятся к ним вполне ровно, к чему особо призывает местное начальство.

С первых часов войны люди стали нагружать себя не совсем обычными общественными работами. Перед Криничками, например, вырыли противотанковый ров, устроили заграждение, а подступающую лесополосу проредили, чтобы можно было издали заметить приближающуюся вражескую колонну. «Сообразили мужики, молодцы! — говорит о них председатель местного сельхозпредприятия Михаил Алексеевич Мариниченко. — Никто их не обязывал и ничего не подсказывал».

— Анатолий Иванович, миленький, ну, как тут жить? — звонит Лариса Ивановна Келлерман. По профессии она переводчица технической литературы с английского, держала маленькую выставочную фирму. Звонит после того, как пообщалась с соседкой-пианисткой. Та живёт одна, точнее, с российским телевизором. «Ты понимаешь, Лара, — говорит ей, — Путин, он ведь тоже человек. Ему хочется, чтобы в Киеве ему было с кем поговорить — чтобы у нас были для этого адекватные люди». Лариса Ивановна и смеётся, и плачет: «Анатолий Иванович, я ведь не от себя произношу слово „адекватные"». Она так и выразилась. Он её бомбит, а она ему адекватных людей подбирает.

Молодому армейскому священнику отцу Георгию я предложил для обсуждения свою главную мысль этих дней. Россия окончательно и, может быть, бесповоротно отбрасывает себя далеко от Запада. Западные ответки приведут к тому, что жизнь для большинства людей в России станет очень трудной и безрадостной, хотя пока что многие из них надеются на высокое и сытое будущее. Но если Россия вернёт себе Украину, то все тяготы и неприятности придутся и на жителей Украины. Все, с кем я общаюсь в эти дни, уверены, что выстоят, но всяко может быть.

Отец Георгий сказал, что вполне понимает моё беспокойство — только Богу известно будущее, но если будет так, как я накаркиваю, то это будет значить, что и Россия, и Украина ещё не прошли все нужные им для более-менее нормальной жизни этапы, им обеим понадобится ещё один этап для окончательного самовразумления.

Немного помешкав, он сказал, что на моём месте он, однако, ввиду военного времени не делился бы такими сомнениями и размышлениями ни с кем — ни по телефону, ни с глазу на глаз.

9 марта. Последняя возможность

Выражение «на войне гибнут лучшие» имеет, конечно, отношение к действительности, но это обстоятельство не всегда приближает победу.

Лучшие —значит совестливые, те, кому западло отсиживаться в тылу. Ну а если перед нами такой совестливый человек, от которого в тылу может быть больше пользы, чем на передовой? Он, к примеру, незаменимый в данной воинской части компьютерщик, а его черти несут под гусеницы вражеского танка.

Вместо воинской части может быть обыкновенное сельхозтоварищество в зоне военных действий. Для его председателя Сточека это горячая пора. За рулём крытого грузовика он носится по округе в радиусе сотни километров — закупает сельхозпродукцию для своих перерабатывающих мощностей и магазинов.

Почти не спит, нарывается на посты и засады, отговаривается, отбрёхивается, откупается.

Его мощности и магазины обеспечивают продуктами питания население райцентра, где расположено его хозяйство. Не все двадцать тысяч, но треть — самое малое. Спрос огромный, не скудеет пока и предложение. Фермеры и домохозяйства охотно продают всё — птицу и яйца, свиней, овец, телят, соленья-варенья и, конечно, рыбу, рыбу, рыбу, поскольку пруды на каждом шагу.

Хозяйство у Сточека многоотраслевое. Основной доход даёт полеводство, за ним — животноводство и уже потом остальное. Вдруг и сильно выросшие поступления от переработки и торговли — это из-за войны.

Теперь будут погашены последние кредиты, ликвидируется задолженность по зарплате персоналу и, что немаловажно и небывало, будет в высшей степени аккуратно поступлено с уплатой всех налогов. Вместо «аккуратно» Степан Павлович говорит «порядочно», как того требует, мол, военно-политическая обстановка.

Война осложнила его отношения с главным агрономом.

— Я ему говорю: у тебя сейчас одно должно быть дело — подготовка к севу, а тебя понесло в территориальную оборону, воякой заделался. Будет нужно — мы все там будем, а сейчас тебе о предстоящем севе надо думать. А он говорит: у меня рак в последней степени, до посевной могу не дожить, а сейчас хочу делом обороны заняться, потому что это последняя для меня возможность себя показать и утвердить. Ты, говорю ему, в бою за урожай себя последний раз, коль уж так пришлось, покажи и утверди. Он обижается: ты что, считаешь, что в бою за урожай я ещё себя не показал и не утвердил?

Агроному за пятьдесят, Степану Павловичу хорошо за шестьдесят. Он довольно тучен. Отличался этим и агроном, пока неожиданно для окружающих не похудел до неузнаваемости.

Я говорю Степану Павловичу, что старинное советское выражение «бой за урожай» ровным счётом ничего не скажет нынешней молодёжи.

— Да, ничегошеньки.

Он вспоминает свою раннюю молодость, когда успел побывать секретарём райкома комсомола, и не каким-нибудь, а первым.

Ну что скажут сегодняшним молодым эти названия учреждений, организаций и должностей?

Вслух рассуждаю, сможет ли он сам, как того требуют дело и здравый смысл, оставаться хозяйственником до последней минуты.

— Обязан удержаться, провожу с собой работу.

Тоже из тех выражений. «Воспитательная работа с населением», «работа с молодёжью», с «контингентом заключённых».

В эти часы и дни — «с пленными».

10 марта. До последней рюмки

В 2 часа ночи — опять налёт, ракетный обстрел: вспышка и сразу гром. Одновременно — значит, рядом. В седьмом часу выбираешься из ванной, где был ночлег. Первая мысль — есть ли вода. Воды нет. Это главное.

Батареи холодные давно, после того как была разрушена ТЭЦ. Свет пропал вчера. Оставалась вода, теперь нет и её.

Озабоченно смотришь за окно. О, ночью выпал снег! Значит, первым делом, пока не растаял, набрать снега. Растаять в марте он может так же быстро, как и выпал. Ветки под окнами в роскошной белой опушке. Красиво.

Лапы ёлок,

лапки,

лапушки...
Все в снегу,
а тёплые какие!
Будто в гости
к старой,
старой бабушке
я вчера
приехал в Киев.

Очень красиво, но стряхивать с них эту красоту придётся безжалостно.

То и дело возвращаешься в минувшую ночь. Какой он всё-таки неприятный — совместный рёв самолёта и ракеты над головой, какой грубый, жестокий!

Снег — это, однако, не верняк. Есть две реки. Одна петляет по городу, вода в ней плохая, хотя есть в ней и рыба, и утки летом, счастливые и ненасытные, кувыркаются в сплошном ковре ряски. Другая река сразу за городом, она полнее, вода в ней лучше. Но есть ли в моем хозяйстве подходящие ёмкости? Хоть одна?

Это — на будущее. Буду знать, какие вещи должны быть в доме в обязательном порядке. А что колодцы? Сохранилось ли их хоть сколько-то по восьми казачьим сотням этого города? Где они? Стоят ли к ним уже очереди?

Далее... Не далее, а вообще-то прежде всего: нужник. Сливной бачок должен быть всегда полон. Воду в него заливать с грязной реки.

Хуже, чем отсутствие воды, то, что сел мобильник, а зарядить его нечем. Конечно, люди веками жили без мобилок и без почты, но они не ведали той мысли, которая досаждает мне в данную минуту. Тут не знаешь, как жить без воды в кране, а ещё думай о тех, кто сейчас пытается до тебя дозвониться!

Вот когда понимаешь, как хорошо тому, кто точно знает, что о нем, о его наличии на сём свете не будет справляться ни одна душа!

Эта разновидность спокойствия, решаю в это утро, есть самая ценная. Никому не быть не только в тягость, но и в какой-либо интерес.

Когда все неотложное уже, кажется, прикинул, появляются и свет, и вода. Появляются они как-то незаметно, буднично, как будто иначе не должно было быть, и нечего было заряжать себя на выживание в древних условиях.

Отопления по-прежнему нет, но это в общем и целом пустяк — есть тёплая одежда, одеяла, матрас.

Успокоенный, выхожу в город: обследовать окрестности, рассмотреть развалины, всякие повреждения, воронки.

Стою на краю самой большой воронки, смотрю на клубок толстых рваных проводов на дне. Возле меня появляется крупный пожилой человек без головного убора, сопит, добрососедски вздыхает. Над его густой, хотя и седой шевелюрой роятся снежинки.

— Власти он хочет, — произносит он объясняющим тоном, — чего же ещё?

— О ком это вы? — делаю вид, что до меня не дошло.

— Догадайся, мол, сама, — слышу в ответ.

Сказать ли ему про открытую мною сегодня ценнейшую разновидность спокойствия? Не примет ли он меня за своего брата — городского... ну, почти сумасшедшего?

Сказал и был правильно понят:

— Тогда я как раз такой. Счастливый.

Ему, оказывается, тоже особенно не понравился спаренный рёв атаковавшего нас самолёта и вылетающих из него ракет — не понравился, думаю, больше, чем мне. Он ведь, как тут же узнаю, старый учитель музыки, аккордеонист, всю жизнь играл в оркестре городского дома культуры — вон перед нами его громада, позавчера обезображенная взрывом. С тех пор как вышел на пенсию, играет для одного себя и обходится без учеников.

— Моё правило: два-три часа в день гулять, два-три часа играть.

— А соседям слушать, — сказал я.

Добрый человек не обиделся:

— Привыкли.

Одинаковыми оказываются и наши чувства, когда где-то в небе — в природе! — возникает отдалённый гул приближающегося бомбардировщика. Это чувство досады: опять они тут. Слово «русские» здесь в эти дни произносится очень редко, как и «Путин» — чаще «они» и «он».

Тему самолёта и ракет оставляем не сразу. Не могли горе-конструкторы сделать это всё как-то благозвучнее! Наверное, могли бы, но перед ними не ставилась такая задача. Наоборот, от них требовалось сделать этот рёв как можно более грубым, устрашающим, таким, от которого седеют дети.

О моём намерении жить отныне так, чтобы до самого конца войны каждая ёмкость у меня вплоть до последней рюмки стояла заполненной до краёв, музыкант сказал, что это мысль и он берет её себе.

— Берите, — сказал я, — это вторая из двух умнейших моих мыслей последних дней. Первая — об упомянутой разновидности спокойствия.

Проходя мимо самого известного в городе зубного кабинета, увидели его хозяина Ивана Васильевича. Он был тоже простоволос, садился в машину, в нашу сторону едва взглянул. Я был рад его увидеть, решив, что вот сейчас он мною и займётся, тем более что уже назначенное наше свидание не состоялось из-за последних событий.

Иван Васильевич мрачно сказал, что здесь он по своим делам, а принять меня сможет только после войны. Прошлой ночью после налёта рухнул потолок в его кабинете.

Это было вчера. А сегодня… Рано утром уже почти привычно нахожу себя на полу ванной, где укрывался от более-менее прямого попадания. Открываю глаза — и прямо над своей са-

довой головой вижу под потолком железную тушу полнёхонь-
кого нагревателя воды. Да если он сорвётся при бомбёжке!..

Всего было делов: перед тем как ложиться, внимательно
осмотреться, а осмотревшись, расположиться головой в про-
тивоположную сторону, к раковине.

До сих пор смеюсь над собой.

После лап-лапушек у Маяковского шло вот это:

> Вот стою
> на горке
> на Владимирской,
> Ширь вовсю —
> не вымчать и перу!
> Так
> когда-то,
> рассиявшись в выморозки,
> Киевскую
> Русь
> оглядывал Перун.

Ну а дальше — молодое, лихое заблуждение 1924 года:

> Ваша —

(имеет в виду мощь, это он обращается к местным попам и за-
граничным буржуям)

> Ваша
> дым кадильный,
> наша —
> фабрик дым.
> Ваша мощь —
> червонец,
> наша —
> стяг червонный.
> Мы возьмём,
> займём
> и победим.

И наконец:

«Товарищ москаль, на Украину шуток не скаль!»

Это он через два года, в стихотворении под названием «Долг Украине»:

Знаете ли вы
украинскую ночь?
Нет,
вы не знаете украинской ночи!
Здесь
небо
от дыма
становится черно́...

И в конце:

Говорю себе:
товарищ москаль,
на Украину
шуток не скаль.
Разучите
эту мову
на знамёнах —
лексиконах алых, —
эта мова
величава и проста:
«Чуешь, сурмы заграли,
час расплаты настав...»

12 марта. Они в Афганистане

Везде, где собираются в дни войны люди — перед аптеками, магазинами, медпунктами, — ведут они себя тише, чем обычно, хотя громких разговоров я не слышал и в мирное время. Надо добавить: послесоветское время. Послесоветские годы заметно убавили крика. Сейчас же звучат только самые необходимые слова и скорее полушёпотом, чем вполголоса.

Вчера в небольшой очереди к прилавку продмага один мужчина лет шестидесяти, в зелёном военном бушлате без знаков различия, заговорил было о том, что он ветеран-афганец, имеет к тому же инвалидность, но не лезет, как видите, вперёд — и никто, ни вслух, ни взглядом, не оценил его правильное поведение.

Видимо, чтобы все-таки обратить на себя внимание, он со знанием дела заговорил о вчерашнем обстреле — из чего вёлся огонь, прицельный или наугад, или это был не обстрел города, а бой на окраине и т. д., и т. п. — и тоже не дождался отклика. Один я негромко заметил ему, что в Афганистане он был в положении тех русских пацанов, которые уже две недели палят по Ахтырке и перед Ахтыркой.

Я сказал это скорее потому, что ему хотелось услышать какой-то отклик, чем (вот была бы глупость) огорчить его сравнением.

— В таком, да не в таком, — охотно повернулся он ко мне. — Если бы мы туда не пришли, там были бы американцы.

— И что? — сказал я.

— Или китайцы, — подкрепил он себя современным соображением.

— И что? — повторил я.

— А то, что это впритык к нашей границе.

— И что? Как пришли, так бы и ушли. Вы ведь тоже пришли и ушли, оставив десять тысяч своих и положив миллион мирного населения.

На выходе из магазина он беззлобно заметил мне, что я ничего не понимаю в политике.

У меня звякнула эсэмэска, и я уткнулся в неё. У него в мобильнике тоже звякнуло, и он сделал то же самое.

Словно подслушав мои недавние размышления, что делать, если в кране нет воды, некая инстанция прислала ответ.

«В случае отсутствия водоснабжения вода в бюветах, колодцах, ключах, пунктах разлива питьевой воды. Для питья и приготовления пищи кипятите 10 минут. Сохраняйте воду в закрытых ёмкостях. Вода из водоёмов — только для технических нужд».

Сообщение было по-украински. Читая его, я поймал себя на том, что не могу вспомнить, как будет по-русски крыныця. Когда в тебе два родных языка, такое бывает. Куда-то девается самое обыкновенное слово.

— Как будет по-русски крыныця? — спросил афганца.

— А хрен его знает, — сказал он, немного поломав голову. — Мы, бывало, в Афганистане…

— Да, вы в Афганистане, — сказал я и оставил его.

6 марта. Вместо расстрела

Одни выносят из разбомбленных жилищ погибших, раненых и просто беспомощных от старости одиноких людей, другие — что уцелело из вещей, но больше, конечно, занимаются покинутыми квартирами и домами.

Первых называют волонтёрами и работниками городских служб, вторых — мародёрами.

Первых насчитывается столько, сколько требуется, чтобы никто не остался без помощи и присмотра, вторых — мало, промышляют они обычно по ночам, хотя попадаются и в светлое время суток. Последнюю партию таких в порядке наказания приспособили для уборки развалин.

Мэр Ахтырки Павел Кузьменко говорит о них в своём видеообращении к горожанам:

«Простите, украинцы, что не расстреляли злодеев, но расстрел разрешён только на месте и в ночное время, а город убирать тоже кто-то должен».

Отклики — преимущественно женские — на это обращение не заставляют себя ждать, в тоне и содержании их ничего необычного. «Хоть на день привязать к столбу, как в других местах. Пусть посмотрят люди, поснимают на телефоны, а потом — отрабатывать», «Отрубать руки гадам!» и тому подобные.

Одно из последних обращений мэра адресовано тем, кто страдает от холода в доме или квартире:

«Мы подготовили места на Гусинке в церкви. Есть своя кухня, есть туалеты, есть душ, есть запас продуктов. Кому необходимо, обращайтесь».

Часть самых беспомощных и одиноких людей из разрушенных домов разместили в постоянно действующем приюте, остальных — по пустовавшим детским садам. «Воспитательницей» в одном из них оказалась моя знакомая Ольга — бывшая крановщица. «Сколько их там всего, не скажу, это нельзя, это как-нибудь после войны, а в моей группе двадцать два человека. Мне показали их отделение, сказали, что оно — под мою ответственность. Кормлю их с ложки, меняю памперсы, мою, убираюсь. Смотреть на них вам будет тяжело, это все не для того, чтобы смотреть, поэтому и пустить вас к ним не могу. Всё, что можно рассказать, расскажу потом».

Ольга живёт на той самой Гусинке, так называется окраинный район Ахтырки. Церковь, о которой говорит мэр, — это храм святого Михаила. При нем пекут хлеб, один фермер из ближнего села привозит молоко, денег за него ни с кого не берет.

Понимаю, что надо бы узнать всё об этом фермере — так, может быть, и сделаю, но называть его не стану: почему-то кажется, что это будет отвечать его желанию.

До избрания мэром Павел Кузьменко работал хирургом, о нем положительно отзывались в городе и районе; говорят, что по ночам он приходит на своё прежнее рабочее место — помогает коллегам-хирургам.

Рядом с Ахтыркой — небольшой город Тростянец, оттуда вчера доносился особенно сильный грохот. Павел Кузьменко сообщает: «Сегодняшняя ночь в Тростянце была жаркой. Орки горели в адском огне наших Вооружённых сил. Выбивали вражеские позиции из оккупированного города».

18 марта. Сёстры

Перед смертью Хомчак опять запил, это после перерыва в тридцать с лишним лет. Дома ему наливать не стали: ни сын, человек добрый, но скуповатый, особенно на спиртное, и сам пьяница, который годами все собирался, да так и не собрался поехать куда-нибудь полечиться, ни невестка, не столько злая, сколько раздражительная.

Он пошёл по селу, и никто, только взглянув на него, высохшего до черноты и хруста, не отказывал ему в безмолвной просьбе налить и даже дать четвертинку с собой. Все знали, что этот запой — последний в его жизни.

На рассвете, после первых ста граммов, он шёл в хлев по своей обычной обязанности. Убрав навоз, заменив подстилку и добавив корма в ясли, он прислонялся к корове и тихо плакал. Он знал, что продана она, а с нею и тёлка, будет через день-два после его похорон, и притом наверняка на мясо, потому что покупателя на молоко надо ждать, а на мясо кто-нибудь явится сразу. Застав его однажды в таком виде, Галина Степановна (невестка) стала говорить, что он совсем рехнулся — нашёл кому жаловаться на самочувствие.

Корову действительно продали на следующий день после похорон, ещё через несколько дней — и тёлку, и всю дюжину овец, оставили только птицу. «Продали» — сказано не совсем точно. Точно будет «продала», поскольку такие дела решала Галина Степановна.

Когда хозяйственная часть двора опустела, она догадалась, отчего плакал, прислоняясь к корове, покойный тесть, пожалела о своей чёрствости и покаялась, то есть поделилась своим огорчением с покупателями. Работала она продавщицей в сельмаге. Вместе с тем она откровенно поясняла всем, кто мог её понять — а понимать особенно было нечего, — всю безысходную правильность своего решения. В противном случае животноводство пришлось бы возложить на детей, а кто в наше время возлагает сельское хозяйство на детей? На них возлагаются компьютеры, а особо одарённые нагружаются ещё и чтением книг, которые могут пойти на пользу в дальнейшей жизни.

Детей у Галины Степановны было трое. Сказать: «у неё с мужем» — было бы, опять же, не совсем точно, поскольку он имел к ним не более чем биологическое и отчасти юридическое отношение. Старшей было пятнадцать, средней двенадцать и младшему сыну шесть. Младшему и последнему — следующего не последует, как говорила она. Хорошего, мол, понемножку.

От животноводства избавились в конце зимы, а в начале лета приехала погостить Марина — сестра-погодок Галины Степановны. В своё время они окончили один педагогический институт с разницей в год. Галина стала преподавать историю и литературу, Марина — английский и немецкий языки. Длилось это не очень долго. Галина ушла «в торговлю», а Марина уехала в Германию, откуда вскоре перебралась в Польшу, потом в Данию, из Дании в Польшу, из Польши опять в Германию, так что: «Ты, наверное, сама уже не знаешь, где тебя черти носят», — говорила сестра. Обе крупные, круглолицые, заметно разные только лица — у Галины оно, естественно, более грубое и по цвету, и по выражению.

То, почему она раз и навсегда оставила школу, Галина Степановна объясняла так: «Не смогла по своей раздражительности ужиться с нынешними детьми. Вообще я люблю детей, но я не гений, а с ними может управляться только гений, да и то нахлебавшись успокоительного, а я ничего такого сроду не принимала. Злюсь на них, страдаю, ненавижу себя за это и ещё больше злюсь».

— Не знаю, Галя, — говорила сестра. — Меня дети любят.

Она имела в виду немецких детей, с которыми недолго имела дело в Германии, в селе, где работала в школе, но в каком-то не прямо учительском качестве.

— Не могут они тебя любить, ни немецкие, ни турецкие, потому что ты глупая, — говорила Галина. — Всё только языком. «Природу надо любить, природа любит, детей надо любить, дети любят». Любила бы их — уже имела хотя бы одного. Мужчины тебе все не такие, страны тоже не такие, всё тебе не такое.

— Ты ошибаешься, — отвечала Марина. — Вот природа — по мне, все живое — по мне!

— Ну да. Повторяешь то, что кругом болтают.

Личная жизнь у Марины нигде надолго не складывалась — ни дома в Украине, ни в Германии, ни в Польше, ни в Дании, ни опять в Германии, хотя везде что-то наклёвывалось.

В первый же день пребывания Марины в родном селе сёстры жестоко посканадалили. Марина резко высказала своё недовольство тем, что не застала ни коровы, ни тёлки, ни овец. В прошлые приезды она с большим удовольствием наблюдала возню детей с ними, не первый раз убеждаясь, какое благотворное влияние живая природа оказывает на людей.

Галина, немного послушав её речи, сказала примерно так:

— Переезжай, слушай, сюда, на свою историческую родину. Являйся навсегда. Вон по соседству пустая хата. Всё подведено и проведено: и свет, и газ, и вода из скважины. Сарай стоит пустой, ждёт хоть корову, хоть две. Я сама их тебе выберу, а захочешь бычка — и бычка. Я тебе и подсвинка отдам — передумаю резать. Переезжай, блядь! — закричала она. — Это всё будет твоё. Но должна будешь постоянно иметь в виду: скотина — не человек, за нею уход нужен. Замешкалась подоить — она уже ревёт, ей тяжело с полным выменем, ты поняла, сука? И пойло ей дай такое, какое требуется, если ты, курва, любишь, чтобы молоко было сладкое.

— Да понятно, — сказала Марина, — сельская жизнь, она такая. Я что, не знаю? Но ты же не будешь отрицать и её плюсы.

— Язык твой без костей. Ты сама не знаешь, кто ты такая, а я знаю, кто я такая. Я сельская продавщица, такая моя судьба. Приходи ко мне на работу, постой возле прилавка. Вскоре ты будешь знать, у кого одна корова, у кого две или три. По силе запаха. Запах хлева не перебить никакими духами, никакими душами. Воняет от каждой тем количеством скота, который у неё на попечении.

Закончился этот разговор так, что если не знать, что перед нами обычные сельские женщины, пусть и с дипломами, то можно подумать, что он между ними последний.

— Переезжай! — сказала Галина. — Я буду всегда к твоим услугам. Что-то подскажу, что-то, может, и сама для тебя сделаю. А не желаешь — так чтобы я тебя тут больше не видела, стерву. Это будет последний твой визит ко мне!

Через несколько дней Галина отвезла её на своём «женском» мотоцикле на станцию к поезду. Они обнялись, чмокнулись, одна ударила по газам, другая, облегчённо вздохнув, пошла на перрон.

О войне Марина узнала спустя неделю после её начала и тут же позвонила сестре, чтобы сообщить о своём расстройстве по этому поводу, после чего сразу перешла к обстоятельствам, в силу которых совсем не могла следить за какими-либо событиями, кроме своих личных. Она, мол, пребывала в таком месте и с таким человеком, что это бывает раз в жизни.

— И ты, сестра, не представляешь... Боюсь сглазить... Ты, кстати, за меня не беспокойся: я не на свои деньги тебе звоню и не на его, этого человека. К вам в Украину теперь можно звонить бесплатно, так что слушай спокойно, я тебе всё расскажу, как это всё у меня было и какие у меня надежды и соображения.

Галина не смогла, а скорее не захотела вставить слово о своём — о том, например, что русские сбросили какую-то запрещённую бомбу прямо на хозяйственный двор их двоюродного брата Николая. Двух тракторов, сеялок, грузовика плюс склада с пятьюдесятью тоннами подготовленной к севу пшеницы как не бывало. Задело и дом, в котором находилась бабка Николая. На неё упал и завернул её в себя ковёр со стены. Развернули ковёр — живая.

На следующий день Галина Степановна рассказывала своим покупателям, как она довольна, что хоть кто-то из Хомчаков, а именно её сестра Марина, пребывает вне зоны боевых действий.

19 марта. На коленях

Уже и до меня дошло кое-что из того, что называется гуманитарной помощью.

Европейская увесистая банка чего-то мясного (ещё не открывал), дополненная пачками отечественной, украинской, гречки и муки, двумя лотками яиц и двумя же белыми замороженными бройлерными тушками.

Мне, оказывается, положено по возрасту. Да, по возрасту. Дожил.

Занёс это всё один из моих новых ахтырских друзей. Он инженер-электрик, его сын — тоже, у них семейный бизнес: ремонт и обслуживание электросетей. С первых дней войны они в территориальной обороне. На Сергее — военная форма, на рукаве даже какая-то нашивка. Я не успел спросить, что она означает, — он спешил.

Дел у них много. Разгружают, раскладывают и развозят-разносят по людям эту самую гуманитарку, разгребают завалы домов и прочих строений после русских бомбёжек, роют траншеи и возводят укрепления, патрулируют город, берутся, когда надо, за оружие.

Я до сих пор не знаю — а пора бы! — кто это всё придумал: продвинуть в население саму идею территориальной обороны, продумать, как её наладить... Кто бы он ни был, человек, конечно, не совсем обычный. На это у него были не дни — часы. Он должен был твёрдо знать, что это всё получится, что в эти отряды набьётся столько гражданских, сколько потребуется, так что даже придётся делать отбор. А в мгновение ока обеспечить эти тысячи мужчин оружием и даже обмундированием?

По сути, это параллельная армия, только с наглядными признаками самодеятельной, народной, ополчения и партизанщины.

— Говори, иначе выстрелю! Ну?!

Это первое, что я слышу из мобилки Сергея, когда он включает свою видеозапись допроса одного из пойманных в лесу под Ахтыркой русских солдат.

Второе — отсутствие мата при всём бешенстве вопрошающего голоса.

Допрос ведёт он, Сергей, и ещё кто-то.

Сергей задаёт свои вопросы негромко, спокойно. А зычно, угрожающе — его напарник. Оба не в кадре. Один, значит, добрый следователь, другой — злой. Кто их этому научил, мать честная? Когда успел? Жизнь научила, она успела.

В кадре только пленный, стоит на коленях с непокрытой головой, красивый, явно крепкий молодой человек. За кадром, в некотором отдалении, по словам Сергея, всё слушает небольшая толпа. Настроена она так, как и могут быть настроены партизаны после того, как был убит их товарищ и они изнурены преследованием шестнадцати русских солдат, вываливавшихся в лес из подбитой бронемашины.

Я думаю: сообразил бы я на месте Сергея сразу приказать этой толпе — и та послушалась! — держаться в стороне?

Что меня ещё поражает — как быстро, без малейших пауз, он задаёт пленному свои вопросы и как их у него много, все по делу. Только два, с военной точки зрения, наверное, не совсем по делу. Хотя как сказать…

— Говорили вам, верили вы, что тут вас встретят хлебом-солью?

— Что сказал матери, когда отправлялся сюда? Успел что-то сказать? Что скажешь ей сейчас? Говори — я снимаю.

Допросив, пленного сдали в СБУ. Не били.

— Зачем вы поставили его на колени? — тихо спрашиваю Сергея уже в дверях.

— А что, на голову его ставить?

15 апреля. Что знает бурьян

Перед каждым разрушенным или повреждённым зданием, пустое оно или обитаемое, на своих обычных местах зеленеют свежие цветники. Некоторые уже распустились. Между всходами на неправдоподобно чёрной (чернозём!) почве — ни одного сорняка.

Увидев кого-нибудь причастного, затеваю разговор.

— Почему не позволяете расти бурьяну?

— Потому что он бурьян.

— Но он же не знает, что он бурьян.

— Но ты-то знаешь!

Пока что это лучший из услышанных мною ответов.

19 апреля. Голем

Отец и сын Бойки, мои сельские друзья, приехали в Ахтырку на похороны погибших, а также на базар и по магазинам. На базарах надо отмечаться пораньше, они так и сделали, а после магазинов и похорон зашли ко мне.

Оба — на правах бойцов самообороны — были в военном камуфляже. Бойко-младший, осматриваясь, легко вертел забинтованной головой. Одно ухо было свободно, другое — под бинтом.

Я поинтересовался, что у него с этим ухом.

— Отлетело, — сказал он почти весело.

— Не пришили? — в тон ему спросил я.

— Так оно же у него отлетело, — сказал Бойко-старший. — Это если бы увидеть, куда оно полетело, да сразу его найти, да заморозить и всё такое, тогда врачи, может быть, и сделали бы своё дело, а он же упал и ничего, говорит, не чувствовал.

— Заморозить или положить его в рассол, — добавил младший, оглянувшись на нас от книжной стенки, которую с интересом рассматривал.

Верхняя полка у меня занята словарями. Он прошёлся по ней туда-сюда взглядом и вдруг спросил, какое из человеческих слов мне больше всего нравится.

— Неважно, из какого оно языка, — уточнил он.

— Голем, — мгновенно ответил я, хотя никогда об этом не задумывался. Вылетело само, как говорится в таких случаях.

— Голем? Почему голем и что это такое — голем? — спросил старший.

— Голем, потому звучит лучше всех. Для меня, во всяком случае. Око, например, тоже красиво, а голем все-таки красивее. А вот то, что называется этим словом, не такое красивое. Это глиняный столб в рост человека. На уровне головы в этом чурбане щель. Туда закладывается пластинка, на которую нанесена особая инструкция, — и глиняный болван оживает, превращается в человека, и то, что написано на этой пластинке, он делает и совершает, а что не написано — того не делает и не совершает. Это слово переводится и как зародыш. «Зародыш» звучит совсем даже не красиво, сразу на ум приходит гадёныш, а голем — красиво.

— Так это сказка, что ли, такая?

— Сказка — ложь, да в ней намек… Если пластинку по забывчивости или с умыслом не вынуть по истечении срока её действия, то голем пойдёт жить по своей воле, а она у него дурная, так что этот зародыш может превратиться уже в настоящего гадёныша вроде какого-нибудь кремлёвского.

…Это было 16 апреля. В этот день в Ахтырке состоялись похороны двадцати шести украинских военнослужащих, погибших 26 февраля от ракетного удара. Это было на третий день русского вторжения.

Похоронить их раньше не позволяла военная обстановка. Трупы не были опознаны. Установить личности погибших должна будет экспертиза по образцам ДНК.

Их похоронили в общем рву, но каждого — в отдельном гробу под украинским флагом. Над могильным холмом — строй из 26 крестов.

23 апреля. Засечники и фронтирщики

В научном мире России есть небольшой круг националистов, они же государственники, которых нельзя отнести ни к умственно отсталым, ни к малограмотным. Их вполне можно слушать/читать без недоумения. Они называют себя лоялистами, стараются быть полезными Кремлю и подчас открыто сожалеют, что из-за зубчатой стены им внимают вполуха. Лоялист в России то же, что верноподданный.

24 февраля Россия вторглась в Украину, а уже 28-го числа как раз из этого круга прозвучал по-своему мудрый совет всем-всем — не гадать, что будет дальше, а быть готовыми к тому, что Россию ожидает одно из двух: или бесповоротный разрыв с западным миром, или развал хуже послесоветского. Сегодня они отмечают, что страна уже начинает привыкать к жизни в первом варианте, — отмечают сурово, но спокойно. Они хотели бы, чтобы было наконец сделано то, о чём в их кругу говорится не один год.

Напоминают, например, что такой свободы, какой явно и неявно пользуются в России нерусские земли и землицы (не упускаю случая употребить слово Фёдора Достоевского), те не имели ни в царские, ни в советские времена.

Разнообразные проявления царящей там вольницы бесстрашно называют признаками грозящего всей стране социального распада.

Там — это в Чечне, Ингушетии, Дагестане, Татарстане — в общем, чуть ли не везде, где обитают «нацмены». Это пренебрежительное слово в советское время произошло от двух безобидных: «национальные меньшинства». Что это за признаки? На все заметные (=доходные) места не допускаются русские. Им хода нет, они чувствуют себя беззащитными и озлобляются. «Свои» же — титульные, коренные — сбиваются в местные кланы, но чуть ли не все получаемые из Москвы деньги вкладывают не у себя, а в областях, которые называют Россией, в отличие от родных краёв. Так в этих областях насаждается, по существу, уголовный хозяйственный уклад. «Русскую Россию разлагают изнутри!» Само собою разумеется, что у них своя полиция, суды, прокуратура, вплоть до чего-то вроде армий. Всё это называется этнократией — властью людей одной крови и веры.

А что же Москва? Лоялисты с тоской и гневом отмечают, что её не то что не пускают в ту же Чечню — Москва сама, от греха и канители подальше, не вмешивается во всё, что там творится, только исправно посылает туда деньги. Нацреспублик нет для Москвы, а Москвы нет для нацреспублик. Взаимное несуществование. Россия, таким образом, представляет собою пусть такую, какой свет не видывал, но федерацию. «Откройте глаза! — говорят лоялисты демократам, мечтающим, чтобы записанное в конституции федеративное устройство воплотилось в жизнь. — Оно давно в ней, в жизни». Оттуда, с Кавказа, а также от «понаехавших» из Средней Азии идёт и по-тихому охватывает всю Россию ислам, продолжает лоялист. Ваххабизм входит в число модных увлечений русской молодёжи, чиновничества и, конечно, уголовного мира. Православию намекают потесниться.

Кажется, вчера, а прошло уже почти 10 лет, как я, помнится, был поражён словом «засека» в одном из развёрнутых ответов на вопрос, что с этим всем делать. Засеками при Иване Грозном назывались пограничные укрепления, призванные удерживать рвущихся в Россию южан. Это были лесные завалы, частоколы, надолбы, рвы и валы, водные преграды. Полоса таких укреплений занимала, бывало, 25–30 километров. К ней придавалась засечная стража — полевой гарнизон. На сей раз засекой назывался набор мер, которые позволяли бы надёжно держать в нынешних кремлёвских руках кавказскую верхушку («элиту»).

Засеки мало — в той программе был и фронтир. У западных колонизаторов так называлась уже освоенная местность, примыкающая к той, которой ещё предстояло заняться.

Русским фронтиром предлагалось считать края, граничащие с республиками Северного Кавказа, — Краснодарский и Ставропольский. Именно там виделась желанная «засечная черта» в виде порядков, которые удерживали бы кавказцев в местах их рождения. Где родился, там и пригодился... Это была бы, мол, защита от «этнополитических угроз с южного направления»: от проникновения в «Большую Россию» кланово-диаспоральной экономики, этнической организованной преступности, исламского радикализма. Вернуть их, короче, в доколониальное положение. И лишь в неблизком будущем, если всё будет хорошо, осуществить «реколонизацию» осовремененного Кавказа.

Война оживила эти революционные (или всё же контрреволюцинные?) предложения. Оживила — и внесла кое-что новое. Государственнический русский национализм в лице его видных представителей лучше, чем когда-либо, осознал, что может решающим образом помешать России превратиться в полноценную, самодостаточную автаркию, страну-отщепенца.

Помешать может начальство, от самого большого до самого малого. Вольное и подспудное нежелание их всех по-крупному обособлять Родину. «Некоторые представители правящего слоя, — осторожно говорит президент Института национальной стратегии Михаил Ремизов, — заранее готовы к принятию политической капитуляции страны, полагая, что она может быть для них комфортной». Это, мол, и делает ключевой задачей «консолидацию правящего слоя». Не как-нибудь, а «критически важно», чтобы люди власти не смели и думать вот так: капитуляция перед Западом «может быть лично для них приемлемым или даже выгодным решением».

Лоялисты, следовательно, понимают, что таких несознательных много и автаркия из-за них может не состояться. Больше того, лоялисты трезво смотрят не только на управляющих, но и на управляемых: «В обозримой перспективе общество будет беднеть. И общество будет нести большие жертвы. На этом фоне сохранение той нормы неравенства, которая сложилась в постсоветское время, будет выглядеть всё более неприемлемо, а в чём-то и опасно».

Другими словами, на тех, кто внизу, на их послушание надежды не больше, чем на тех, что наверху.

Что же Кремль, который так охотно тратится на лоялистов? Почему в Кремле не спешат в полной мере выполнять такие их пожелания, как 1) решительное окорачивание воротил и 2) устройство той же засеки с фронтиром? Не потому ли, что в Кремле знают, чем им это грозит? Состоятельные русские, только почуяв нешуточную угрозу своим капиталам, ответят таким саботажем, что придётся вспомнить, что сто с лишним лет назад ЧК была создана для борьбы как раз с этим злом в первую очередь — и потерпела поражение. Пришлось искать спасения в нэпе.

Что до «засечно-фронтирной» внутренней политики, то один намёк на неё мгновенно превратит её во внешнюю. Всё, что окажется за фронтиром, тут же преобразится в «за-поребрик», а нерусские жители в русских областях России — в «иностранных агентов». Даже едва заметные, издавна привычные признаки межнациональных отчуждений вспыхнут бессмысленной и потому необузданной враждебностью. Кремль этого всего не может не понимать и тем острее чувствует — вот и колеблется, и медлит, ограничивается половинчатостью.

Ну а что же образованные лоялисты, все эти директора и сотрудники бесчисленных «институтов стратегических исследований», что же эти люди, которые видят всё как есть? Почему они годами вынашивают в лучшем случае что-то неосуществимое или бесполезное, а в худшем — убийственное?

Им легче работалось бы, если бы в повестке дня стояло укрепление или даже спасение режима, а то и государственного строя. Но они понимают, и кое-кто давно, что под вопросом само существование России в её привычном виде и состоянии. Попытки же продления всех империй всегда были примерно одинаковыми. Даже самые большие, но закоренело имперские умы не находили таких способов оживления давно отжившего, которые не давали бы обратного результата.

Кого ни спрошу из серьёзных исследователей, знают ли они, кто такой Михаил Ремизов, ни один пока не ответил утвердительно. А между тем губернатор той же Белгородской области уже употребляет слово «засека» так, будто оно никуда не девалось со времён Очакова и покоренья Крыма.

30 апреля. Разговор

Украинец — русскому:

— Никак не можешь забыть о моём существовании. Отстань от меня!

Русский:

— Нет, ты меня послушай!

Украинец:

— Забудь обо мне. Пусть меня для тебя не будет. Сколько можно тебе об этом говорить?

Русский:

— Нет, ты меня всё-таки послушай. В твоём лице я обращаюсь ко всем людям культуры в твоей стране. Дорогие украинские друзья, пожалуйста, не надо трогать Достоевского. Он не виноват в том, что мы натворили.

Украинец:

— Ладно. Тогда послушай, как твоё обращение выглядит в наших глазах. Сидит русский культурный человек по уши в кровавом дерьме, мучительно тяготится этим, проклинает за это свою власть, а всё равно не может не высунуть голову из этого дерьма, чтобы что? Чтобы сделать замечание украинцу.

Русский (почти плачет):

— Но как вы будете жить без Пушкина, Достоевского, без... без...

Украинец (спокойно):

— Но вы же как-то без них живёте.

Примечание: «Дорогие украинские друзья, пожалуйста, не надо трогать Достоевского. Он не виноват в том, что мы натворили» — это цитата, подлинное обращение одного прогрессивного московского литератора.

3 мая. Не стоит село

Не стоит село без праведника — не стоит оно и без правдолюбца, он же правдоискатель.

— Ты никуда не спеши, а сядь со мной и послушай. Вот областной наш вождь сообщает из Сум, что по всей Сумской области идёт разминирование и уборка оставленного русскими оружия. Не возражаю и не спорю. Наверное, идёт. Но как оно идёт и какие тут достижения?

Мы сидим на уцелевшей лавке перед повреждённым зданием краеведческого музея. Павлу Семёновичу, моему собеседнику, под шестьдесят лет, он военный пенсионер, состоит в отряде территориальной обороны, сухощавый темнолицый здоровячок.

— Вот населению сообщается, что за вчера и позавчера выявлено и обезврежено...

Достаёт бумажку и продолжает, заглядывая в неё:

— В Ахтырском районе: АС-152 — четыре единицы, 9Н210 — четыре единицы, АС-125 — одна единица, ЗТП-150 — две единицы, ПВВ-7 — шестнадцать килограммов... Также отработали территорию участка магистрального газопровода

«Уренгой — Помары — Ужгород». Выявили: АС-30 — две единицы, ПГ-7 — одна единица.

Зачитывает долго и вроде бы одобрительно, делает упор на одну единицу Ф-1, обнаруженную между двадцать четвёртым и двадцать пятым километрами перегона «Боромля — Лебединская», но тут же поднимает голову и, глядя мне в глаза, произносит со всей жёсткостью:

— А кто это всё проверял?

Чтобы прийти в себя после этого вопроса, я интересуюсь, что такое ПГ-7.

— Ну, ты, я вижу… ПГ-7 — это гранатомёт.

Беру у него бумажку и продолжаю спрашивать уже по ней.

— ПВВ-7?

— Знать надо!

— Вот я и хочу знать.

— ПВВ-7 — это пластичная взрывчатка. Хорошая вещь в умных руках. Шестнадцать килограмм, говорит, её нашли. А не семнадцать? Не пятнадцать? Почему я должен верить?

— Нипочему. А ММ-120, эти «две единицы», найденные где-то недалеко от места моего пребывания?

— Миномёт на гусеничном ходу.

Ещё пара вопросов и таких же исчерпывающих ответов — и от моей неприязни к нему почти ничего не остаётся, но он меняет тему.

— Взять, далее, аптеки. Война ушла на юг, и они стали открываться. Одна за одной, одна вперёд другой. Устроили соревнование: какая раньше. Их только в самом центре Ахтырки двенадцать штук. Двенадцать! А почему и зачем? Я тебе скажу. Это торговля наркотой. Не успела как следует война отдалиться, как они уже вот они — открыты двери, заходи с заднего хода, покупай всё, что тебе нужно для кайфа.

Мне опять становится и весело, и дурно.

— Опять же, гуманитарная эта помощь. Скажешь, не наживаются на ней? Подумай своей головой. Во-первых, есть ли там учёт и какой?

…Давно мне так не хотелось чего-нибудь выпить, но в Ахтырке пока ничего такого не продают, даже пива, о чём особенно жалею всякий раз, когда прохожу мимо пивного завода «Оболонь». Один раз даже спросил у вахтёра, продолжается ли производство в запас. Как и следовало ожидать, мне вместо ответа было предложено идти своей дорогой.

5 мая. Пересортица

Украины в Украине после войны станет больше.

Это видно уже сейчас. Человек, которого ещё вчера ничто не могло подвигнуть говорить со мною по-украински, сегодня как ни в чём не бывало переходит на этот, то есть на его родной, язык — переходит непроизвольно. Немало, впрочем, и таких, что совершают этот переход сознательно, и трудно решить, какой случай более, так сказать, перспективный.

Украинизация Украины, вспомним, была в коротком ряду причин, по которым Россия напала на Украину в 2014 году.

Причина номер 1 — государственная самостоятельность.

Причина номер 2 — демократизация.

Причина номер 3 — украинизация, выглядевшая тогда, правда, так скромно, что правильнее было бы говорить просто о некотором замедлении русификации.

Война окончательно прекратит русификацию и заметно ускорит украинизацию. Причём украинизация пойдёт не только сверху, от государства и от национально озабоченной общественности, как во многом было до сих пор, а и снизу.

До сих пор, почти четыреста лет, украинское население, особенно его верхушка, поддавалось обрусению по нужде. Людям надо было как-то жить-выживать под рукой Москвы: чия влада, того й мова («Чья власть, того и язык»). Так выразила когда-то Западная Украина свой опыт пребывания под разными владычествами. На сей раз союзником власти в деле украинизации станет — уже становится — народная стихия. Так это понимает и Кремль, уже не скрывающий своей конечной цели: покончить с Украиной как средоточием украинства.

Война не просто отдалила, а отшвырнула Украину от России на такое расстояние, о котором не могли и мечтать молодые украинские коммунисты первых советских лет, не желавшие ни подражать, ни тем более подчиняться Москве в строительстве отечественного социализма. Их лозунг «Гэть від Москвы!» («Прочь от Москвы!») наконец становится действительностью, от которой уже никуда не деться. Война не оставила и следа от того ощущения, за которое презирали себя и своих соплеменников все поколения образованных украинцев со времён поражения под Полтавой (1709 год). Это навязчивое, привычно болезненное ощущение своей культурной второсортности рядом с русским первым сортом. По-украински это называлось мэншовартістю, неполноценностью по-русски, буквально «меньшей стоимостью».

Великую пересортицу возглавили украинский офицер и сержант — тот самый сержант, без которого, как некогда было сказано, не может быть российской армии как армии. Нет недостатка и в соответствующем личном составе. До войны желающих служить не хватало. Я это знаю, кто бы что ни говорил. Служить не очень хотели, а воевать рвутся. С таким подкреплением, как украинский военный комсостав, уже не станет ощущать себя вторым сортом ни учитель, ни литератор, ни дипломат — никто. Не говоря о президенте, министрах и модницах в районных центрах. Украинство — это отныне круто.

До войны в Украине действовала крупная, очень сильная и прекрасно организованная «русская партия». Вели её люди не простые, а важные и очень важные, не бедные, а богатые и очень богатые. Они не только давали о себе знать, а сплошь и рядом затмевали остальных деятелей. Казалось бы, вторжение России должно было воодушевить, прямо взвинтить эту партию, чего и ожидала Москва. Как, мол, иначе, мать честная? Ведь огромная же явилась сила — не мешкай, вливайся в этот гремящий поток. Бояться нечего, осторожничать ни к чему. Но... скажите это кому-нибудь другому. Сейчас их не видно и не слышно.

Одного часа войны хватило, чтобы они исчезли с украинской общественно-политической сцены. Это похоже на чудо, если учесть, что речь идёт об огромном массиве человеческого материала. Испарились вожди с их обслугой, и стихло бормотание нескольких миллионов. Они уже никогда не воспрянут. Не поднимется ни одна самая садовая из этих голов, и не только из боязни слететь с плеч, а потому что это выглядело бы неуместно, что для таких солидных людей хуже, чем неприлично. Так, представлять в Украине «русский мир» стало несолидно.

Ветер истории одним порывом снёс силу, которая наращивалась веками. А для сближения с Польшей, кстати сказать, не понадобилось даже какого-нибудь зачатка польской партии в Украине. С украинской стороны это произошло во исполнение старинного народного завета: «Поляка гудьмо, та з поляком будьмо» («Поляка хаять, но с поляком быть»). А что Россия? Она опять слиняла в три дня — по крайней мере, в глазах людей свободного мира. Враз изменилось отношение ко всему русскому — не в лучшую сторону. Оказываясь за границей, да и сидя дома, русский человек теперь вряд ли решится вслух или даже про себя обижаться, что мир недооценивает его отечество. Этот мир дал ему понять: отныне ко мне никаких претензий.

В Украине, как сказано, прибавится Украины — похоже будет и в России: в ней станет больше России. Но какой? Той, которую не смогли надёжно искоренить ни Пётр Великий, ни птенцы его гнезда последующих веков: произвол и замшелость вместо права и творческой свежести. Ощутимее станет вечное различие двух миров. Европа всегда недовольна качеством своей свободы, её безмятежностью и зыбкостью. Россия всегда довольна своей несвободой, её прочностью и старосветской красотой. Сознательно и открыто, украдкой или невольно Россия позаимствовала у Запада много чего, кроме главного — верховенства права и личности. Так будет и впредь, а сколько продлится — Бог весть. Дело ведь осложняется тем, что многие русские продолжают ставить ей это в заслугу. Государство — всё, закон и отдельный человек — ничто.

Вопрос, который сам собою поднимается, когда присматриваешься к тому, что происходит сегодня в Украине, вообще-то далеко не нов. Насколько победа в войне ускорит европеизацию этой страны? Какое место займёт в ней право? Насколько потеснит оно произвол, взятку, кумовство? Смогут ли украинцы всех сословий меньше красть, хапать и брехать? Сколько независимости и справедливости прибавится в судах? Сколько будет свободы предпринимательству, всякому полезному почину?

Не тот ли вопрос относится и к терпящей поражение России?

20 июля. Взносы и выносы

В эти дни решается, что кому достанется. Россия стремится отвоевать всё, что было в империи, Украину — прежде всего. Та намерена удержать за собою свою часть. Настроения у обеих соответствующие. Это букет, которым до одури надышался всякий, кому привычны дела о наследствах. Нигде так далеко не отбрасываются родственные и даже обычные человеческие чувства, как при таких тяжбах. А тут идёт не судебное заседание, а кровавое сражение во всех стихиях.

И на всех фронтах.

На идеологическом фронте украинская сторона выбирает из имперского достояния всё пахнущее украинством и наслаждается родными ароматами. Мы-де не вкладчики в имперство, а обобраны, ограблены имперством. Не соучастники, а жертвы.

Глядя с того света, Гоголь озадаченно замечает, что он уже, считай, отнят у России. Да, говорят ему земляки, писал ты, конечно, русскими словами, но ведь по-украински — наука это давно разглядела. Значит, ты со своим бессмертным творчеством есть украинский взнос в общеимперскую копилку. Наш взнос. А теперь давай на вынос! И принимай от нас разнос. А как ты думал? Взнос — вынос — разнос.

Разнос делается речами вековой давности. Это речи о том, что, отойдя от своей подлинной украинской духовно-национальной основы, он, мол, тем самым продал душу чёрту и сделался моральным мертвецом, человеком-химерой, который стал по-хлестаковски притворяться патетическим патриотом империи. Хорошо, правда, что при этом сделал хоть что-то доброе: роковым образом навредил русской культуре, навсегда отравил её неуклонным стремлением к изображению низких сторон жизни.

Лукавить вольно и невольно, что-то замалчивать, что-то выпячивать, что-то низвергать. И делить, делить, делить неделимое… Этому учится на ходу и тот, кто не знал за собою такого дара. Не всем такая учёба даётся легко. Не так ведь просто выкинуть из памяти, что́ значил, например, имперец Пушкин для того же Гоголя. «Всё наслаждение моей жизни, всё моё высшее наслаждение исчезло вместе с ним. Ничего не предпринимал я без его совета. Ни одна строка не писалась без того, чтобы я не воображал его перед собою».

А что же Белинский в связи с новым положением Гоголя? Забыт? Всеми? Не всеми, но лучше бы всеми. Те, что помнят его «Письмо», пока, кажется, не решили, как с ним быть. Белинский осуждал самодержавие, крепостничество, поповство, равнялся на цивилизацию, на Запад. Гоголь призывал (да что там призывал — требовал!) держаться подальше от погрязшего в стяжательстве Запада, от всего гражданского, городского и ближе ко всему хуторскому, церковному, к Богу.

Всё было сложно, все было запутано тогда — не распутывается и сегодня. Россия — по-гоголевски! — жаждет независимости от цивилизации, а Украина — по-белински! — от России, тем более от такой, какая она в этом веке. Россия уже добилась половины своего: распрощалась с цивилизацией и стремительно катится в своё, ненавистное Белинскому, прошлое. В ней уже имеют право голоса и вовсю им пользуются глашатаи кнута — говорят, например, что крепостничество было благом. Царь-освободитель переворачивается в гробу, слушая это… Украина всеми военными и мирными средствами против такого поворота, но отобранный ею у России Гоголь — за! Как же быть?

Будь оба они поспокойнее и живи на необитаемом острове, они могли бы понять друг друга. Гоголь признал бы, что общественные условия, конечно, не создают человека, но один строй может помогать нам стать лучше, а другой — мешать. Белинский, в свою очередь, согласился бы, что личные очеловечивающие усилия никому не могут помешать при любом общественно-политическом устройстве. Но ожидать такого взаимопонимания во время войны не приходится. А что будет после?

Вот мы дошли и до Тараса. Просвещённая Россия не просто любила его и любовалась им, аплодируя ему горячее, чем остальным участникам публичных выступлений, — она считала его своим, и он был не против, отвечал ей полной взаимностью. Он не выделял себя из имперской культуры. Он не раз спрашивал себя, что с ним было бы, что из него вышло бы, не окажись он в имперской столице, среди её первых перьев, среди самых светлых, а в их числе и бесшабашных, голов…

Я, кстати, ещё не встретил более-менее грамотного украинца и даже украинку, которые читали его писавшийся по-русски «Дневник» — совсем небольшую книгу.

Там уже на второй день он вспоминает Кольцова, о котором говорит «наш»:

Я, как сказал поэт наш,
Пишу не для мгновенной славы,
Для развлеченья, для забавы,
Для милых искренних друзей,
Для памяти минувших дней.

И тут же — о национальном вопросе. О русском — не украинском — национальном вопросе: «Наше (так, наше! — *А. С.*) юное среднее общество, подобно ленивому школьнику, на складах остановилось и без понуканья учителя не хочет и не может перешагнуть через эту бестолковую тму-мну... А средний класс — это огромная и, к несчастию, полуграмотная масса, это половина народа, это сердце нашей национальности, ему-то и необходима теперь не суздальская лубочная притча о блудном сыне, а благородная, изящная и меткая сатира».

Через два месяца: «Я благоговею перед Салтыковым. О Гоголь, наш бессмертный Гоголь! Какою радостию возрадовалася бы благородная душа твоя, увидя вокруг себя таких гениальных учеников своих. Други мои, искренние мои! Пишите, подайте голос за эту бедную, грязную, опаскуженную чернь! За этого поруганного бессловесного смерда!»

И через две недели: «Во 2-м номере "Русской беседы" я с наслаждением прочитал трёхкуплетное стихотворение Ф. Тютчева». Заносит его на страницу своего дневника:

Эти бедные селенья,
Эта скудная природа —
Край родной долготерпенья,
Край ты русского народа!
Не поймёт и не заметит
Гордый взор иноплеменный,
Что скользит и тайно светит
В наготе твоей смиренной.

Удручённый ношей крестной,
Всю тебя, земля родная,
В рабском виде Царь Небесный
Исходил, благословляя.

Чуть позже — что-то вроде выговора или приговора тому же народу:

«В великороссийском человеке есть врождённая антипатия к зелени, к этой живой блестящей ризе улыбающейся матери-природы. Великороссийская деревня — это, как выразился Гоголь, наваленные кучи серых брёвен с чёрными отверстиями вместо окон, вечная грязь, вечная зима!»

И наконец, давно чаемое нынешним читателем-украинцем сопоставление: «В Малороссии совсем не то. Там деревня и даже город укрыли свои белые приветливые хаты в тени черешневых и вишнёвых садов. Там бедный неулыбающийся мужик окутал себя великолепною вечно улыбающеюся природою и поёт свою унылую задушевную песню в надежде на лучшее существование. О моя бедная, моя прекрасная, моя милая родина! Скоро ли я вздохну твоим живительным, сладким воздухом? Милосердый Бог — моя нетленная надежда».

Как управится с этой «цветущей сложностью» только пары своих классиков воюющее поколение украинцев? А подрастает же и следующее... Даже не будь войны, не проливайся кровь, учителю украинской словесности, уважающему себя, любящему свой предмет и свой настороженный класс, приходилось бы с каждым днём всё тщательнее выбирать слова. А каково ему будет теперь?

14 октября. «З ляхом будьмо!»

Великие явления и события нередко выглядят как обыкновенные, сопутствующие другим, более важным.

Одно из таких вроде бы сопутствующих войне явлений — обнуление «всего русского» в Украине. Некоторые даже продвинутые украинцы видят в нем просто перегиб — пусть, мол, и объяснимый, но перегиб.

О том, что в Киеве был сброшен пушкинский барельеф девятнадцатого века, говорят, например, что вот, мол, рьяные не по уму украинизаторы нашли виноватого в нападении России на Украину.

В головах пока не укладывается, что в Украине вступает в свои права новая историческая эпоха. Приветствуй её или осуждай, можешь даже отрицать её или высмеивать — ей от этого ни холодно, ни жарко. Великие эпохи — они такие...

Эту эпоху, да будет известно тем, кто всё ещё не в курсе, призвали молодые украинские литераторы-коммунисты в двадцатые годы прошлого века. «Геть від Москви!» («Прочь от Москвы!») — такими тремя словами выразил их программу писатель Мыкола Хвылевой, вскоре застрелившийся, чтобы не погибнуть в родном — красном! — застенке.

Польше, чтобы присутствие в ней «всего русского», стало неизмеримо меньшим, чем «всего западного», тоже выпали нешуточные испытания. Теперь она неуклонно набирает веса в европейских делах и в тех же видах протягивает руку Украине.

Украина, в свою очередь, вспоминает завет предков: «Ляха гудьмо, та з ляхом будьмо!» — «Ляха хулим, но будем с ним!»

Всё русское закономерно и потому невозвратно скукоживается.

Думающему русскому человеку требуется немало мужества, чтобы это не только видеть, но и понимать.

27 октября. Для других целей

Тамара разговаривает с киевской подругой. Женщине за шестьдесят.

— Купаюсь. Только выхожу из ванной — слышу воздушную тревогу. Паника. Ужас. Думаю, надо поскорее надеть трусы, а то найдут под завалами старушку без трусов и будет неудобно.

Обе смеются.

Комментарии:

Katya Dubasova

Ну вот пару раз практически слово в слово говорили мои киевские подруги. Кроме ненависти к мордору меня охватывал такой стыд, что я в безопасности в Калифорнии.

Ірина Мазур

За эту весну у каждого из нас были аналогичные ситуации. То ли моемся часто, то ли тревоги часто...

Dmitry Smelansky

Был точно в такой же ситуации во Львове. В момент воздушной тревоги вспомнил историю мужчины, который выжил только потому, что был мокрым из ванны и не получил сильные ожоги.

Irina Zhezherina

Я не смеюсь, но, принимая душ во время тревоги на последнем этаже, тоже всегда об этом думаю. (Не старушка.)

Ірина Мазур

Мне вспомнилась история — сколько таких историй было. Где-то на третьей неделе войны позвонила приятельница. Сказала, что с начала войны она не может заставить себя принять душ. Моется по частям. Надо знать эту женщину. Она с детства в воде. Тренер по плаванью, в мирной жизни принимает душ сто раз на день. Психологи, наверное, нашли бы объяснение.

Алла Михальчук

Аналогично. Многие уже смеются. Если не смеяться, то можно сойти с ума. Это защитная реакция. Шестой месяц уже в таком варимся. Есть пределы человеческой выносливости. Сейчас уже все говорят: что делать? Убьют так убьют.

Оксана Приходько
Я тоже, когда ложусь спать, надеваю красивое бельё, а раньше я надевала его совсем для других целей...

Катерина Сліпченко
Меня тревога застала в раздевалке бассейна. То же самое подумала и быстро оделась. Потом смеялась сама над собой. И не поверите, но как раз позвонила подруга из Вашингтона. Я ей, смеясь, это рассказала, а она мне — что не знает, смешно ли это. Я уже ни дома не реагирую, ни в бассейне.

2 декабря. Страдалец

Звучит сигнал воздушной тревоги, вырубается свет, в аптеке делается темно, как в погребе.

Две молодые провизорши выбегают на крыльцо. Они простоволосые, в белых халатиках и босоножках. На крыльце стоит генератор. Они хватают его, оттаскивают на несколько метров к дороге. Подбегает третья, такая же простоволосая, с ведром бензина. Заправив генератор, тащат его на прежнее место на крыльцо, включают — аптека озаряется торжествующим дневным светом.

Пока они этим всем заняты, я, остановившийся прохожий, делаю им выговор:

— Почему вы простоволосые? Где шапки или тёплые платки? Мороз же, ветер смотрите какой. Где ваши телогрейки и тёплые башмаки, а лучше — сапоги на такой случай? Что вы себе думаете? Простудитесь — и аптека ваша закроется!

Они смеются: ничего, мол, обойдётся.

— Нет, — говорю, — вы мне обещайте сделать то, что я сказал: у вас наготове должны быть шапки, телогрейки, тёплые башмаки или сапоги. Я ведь буду страдать, если увижу вас завтра в таком виде, как сейчас. Понимаете? Буду страдать.

Я не заметил, как оказался у них на дороге.

— Пустите нас на работу, страдалец, — сказала одна.

4 декабря. Одинокие

Петру Ивановичу немного за шестьдесят, его соседке Насте около того. Одиноки, общаются почти каждый день, подолгу, нередко — с криком. Она делится с ним своим горем. В России, в Саратове, у неё дочка с внуком. Внуку 19 лет, учится в каком-то институте. И он, и его родители страшно боятся, что он будет вот-вот взят на войну.

Поговорив (через компьютер) с ними, Настя идёт к Петру Ивановичу, делится своими переживаниями, спрашивает, что делать, как спасти внука.

— Если бы ты действительно желала ему жизни, а не смерти, — говорит Пётр Иванович, — ты бы уже давно всё, что надо, выяснила, составила бы план и доложила бы мне на тот случай, если и у меня вдруг откроется внук в Саратове или Смоленске.

— Да как мне это всё узнать, Господи!

— Как люди узнают, так и ты бы узнала, если бы хотела. У тебя же интернет есть. У тебя вся Ахтырка — друзья и знакомые, хахали бывшие, кто-то ещё и при должности. Сама была при должности.

— Ну как это…

— Да вот так. Внук твой может незаконно пересечь границу и оказаться у тебя тут в гостях. У любимой бабушки, по которой соскучился.

— Как? Ну как он может у меня оказаться?

— Это ты мне должна была бы уже давно рассказать. Как люди, так и он перебрался бы к тебе, если бы все вы захотели. Ногами — как! Или на пузе, если так удобнее.

— Да его же схватят!

— Заплатит штраф и полезет второй раз, если жить хочет. Или даст взятку русскому погранцу. Тот за руку его переведёт и ещё счастливого пути пожелает.

— Да как он даст эту взятку? Как его найти — того, кто возьмёт?

— Мать у него есть? Приехала бы ближе к границе, потолкалась, вызнала бы все пути и способы...

— А дальше? Что он будет тут, у меня, делать?

— А это ему украинские должностные люди расскажут, а он — тебе, а ты — мне. Почему и до каких пор, мать-перемать, я тебе всё это должен разъяснять, а не ты — мне? Кому он, наконец, внук в Саратове — тебе или мне?

При следующей их встрече разговор повторяется так, будто не было предыдущего.

— Есть ещё путь, — говорит ей Пётр Иванович. — Взятку дать в военкомате.

— Да кому они там её дадут?

— Кому надо. Кому люди дают, тому и дать.

— Да где они деньги возьмут?

— Где люди берут, там и они могут взять. У них, говоришь, квартира из трёх комнат? Что дороже? Эта квартира или жизнь оболтуса? Давно уже продали бы трёхкомнатную, купили двухкомнатную, а разницу отложили бы на взятку.

— Да как это...

— Знаешь что, Настя? Ты мне уже остохренела. Ходишь тут, скулишь да зудишь. Иди, слушай, на хер.

Он так говорит, но и он, и она знают, что эти разговоры нужны им обоим — общаться как-то надо.

— Бараны вы все, — говорит он. — Бараны и овцы. Овцы и бараны. Вас гонят на убой, а вы только блеете и сами не знаете, как вам блеять — горестно или с довольством, что кто-то за вас знает, что с вами делать.

— Да, мы такие, — соглашается Настя.

— Вот и получаете то, что назначено таким.

Его раздражение передалось и мне, пока мы отмечали у него её день рождения. День рождения — её, а отмечали у него.

— Всё им разъясни, всё покажи, — жаловался он при ней за столом. — Этот внук её любимый может и совсем не покидать свою Россию. Оденься женщиной, цыганкой в длинной юбке, на голову — платок, на морду лица — ковидную маску и путешествуй от Саратова до Владивостока и назад. В одном месте пожил, в другом, отправился в третье, пока не вышли те деньги, что на взятку были заготовлены. А там и война кончится.

Она то смеялась, то сморкалась и опять смеялась.

По виду, по разговорам, по манерам — вполне современные городские люди. Он при галстуке, в отглаженном костюме, выбритый, пододеколоненный, в недавнем прошлом — маленький железнодорожный начальник. Она тоже: завитая, напомаженная, в обтягивающей кофточке с короткими рукавами — нисколько не похожа на забитую сельскую тётку, да таких, в общем, тут уже и нет, разве что некоторые более-менее убедительно притворяются такими. Но как примется она скулить и зудеть, делается такой, какой, наверное, была её хуторская бабка или прабабка, замученная скотской жизнью, но и собой — своей натурой, природой, над которой она не властна, и тебе ничего не остаётся, как молча сочувствовать и ей, и миллионам таких, как она.

Это я так говорю себе, чтобы снять своё неумное, неграмотное раздражение.

18 декабря. Спокойные

Свояк Женька не раз ему говорил:

— Да возьми ты хоть и меня с собой, да и наведаемся мы тёмной ночью на его подворье с канистеркой горючего материала! У него там и дом что надо, и сарай, и сенник, и гараж, и овчарня. Всё гореть хорошо будет. Крыто железом, но под ним толь и доски.

— Да ну его, — отвечал Лукаш. — Пусть его Бог накажет.

Его — это Ивана Сцыкуна. Он однажды поджёг курятник Лукаша. Крик охваченных огнём птиц слышался недолго, но он был подхвачен всеми курятниками села, и отчаянное кудахтанье не стихало до рассвета. Жена Лукаша металась по двору, выкрикивая все, какие знала, нехорошие слова. Он, пока горело, стоял неподвижно, скорее задумчиво, ноги на ширине плеч, руки сцеплены за спиной.

Я сразу сказал, чья это работа. Не было сомнений и у него. Работа Сцыкуна. Ничего против Лукаша он не имел, как и против его кур. Ничего он не имел и против всех в селе, кому устроил в своей долгой жизни какую-нибудь пакость, и, между прочим, не со зла. Такой был человек — ему просто нравилось гадить, и не только людям, а и скоту, и всей природе. Невзрослая потребность вредничать — оторвать голову утке, сломать едва пошедший в рост дубок, скинуть в воду доску с мостика, и всё это без обдуманного намерения, так, словно это и не он, а кто-то другой, вселившийся в него.

Так я объяснял это Лукашу.

— Ну так тем более незачем его трогать. Если он сам, по-твоему, ни при чём, тогда за что я его буду бить или жечь? Это уже не моё дело.

Недавно этот Сцыкун помер. Мучился, весь скрученный и скрюченный, не очень долго, но по всей Господней программе.

— Ну, ты доволен? — спросил я Лукаша.

— Да чем тут быть довольным? Ещё неизвестно, как меня будет крутить перед смертью.

Задавая этот вопрос, я имел в виду, что теперь уже ничто в его хозяйстве не сгорит.

— На то не наша воля, — сказал он на моё уточнение.

За несколько лет до войны один из его кумовьёв задолжал ему 450 долларов, не думая отдавать. Об этом он прямо сообщил Лукашу, когда тот сделал первый и последний намёк, что надо бы иметь совесть. Если Сцыкун никогда никому не улыбался, то этот кум смеялся охотно и много, особенно когда рассказывал всем и каждому, на чьей доверчивости нажился вчера и наживётся завтра.

И опять тот же свояк Женька говорил Лукашу:

— Да возьми ты его один раз за горло и не отпускай, пока не начнёт синеть. После этого пусть хватит воздуха, а ты опять сдави.

Я мог представить себе, каково ему было бы с горлом в большой руке Лукаша.

— Да ну его...

— Но он же ещё и смеётся над тобой. Хоть бы уж не смеялся.

— Пусть. Над ним Бог посмеётся, над дураком.

При этом Лукаш Михаил Николаевич совсем не похож на какого-нибудь блаженного непротивленца. Большого роста и веса, и при том подвижный, говорящий громко и уверенно, не особенно выбирая слова, не дурак выпить и гульнуть. Похожа на него и жена Алёна. До войны она наставительно поправляла тех, кто называл её Олэною: «Я вам не Олэна, а Алёна. Алёна по метрике, по паспорту и по жизни», но после первого русского налёта на село наоборот, мрачно поправляет тех, кто называет её Алёной: «Я теперь Олэна».

Её подход к вредным людям и обстоятельствам тот же, что и у мужа, только более практичный. Она делает упор на выгоды, которые приносит привычка не забивать голову обидами и всякими огорчениями, а думать больше о хозяйстве. Если, мол, всё время помнить о тех, кто перед тобою в чем-то виноват или что-то тебе должен, то такие никогда не переведутся ни вблизи, ни вдали, вплоть до неба, постоянно что-то мудрящего с погодами.

Сидим при свечах за ужином; ближе к завершению меня тянет порассуждать. Как только первые, говорю, люди — их знают все — столкнулись с первой незадачей в их новом, уже не безгрешном быту, так они сразу и задумались, кто бы мог её им причинить, эту незадачу или невзгоду. Не сами же себе, в самом деле! Перед их мысленными взорами были два подозреваемых: Дьявол и Бог. Поскольку Бог есть Бог, вину возложили на Дьявола, а покарать его поручили Богу.

— Это я о ком — догадались? Об Адаме и Еве. Только вы мне не верьте. Адам и Ева никакого понятия ни о Боге, ни тем более о Дьяволе иметь не могли. А сказать мне захотелось вот что. По мере роста населения выбор подозреваемых расширялся, и люди входили во вкус следственных и карательных действий. Возникла закономерность: чем больше человек верит в Бога, тем меньше ожидает он следствия и приговора от Него — спешит управиться сам, полагая, что лучше знает, кто чего заслужил.

— Многие спешат, — уточняет Алёна. — Не только верующие.

— А ты вот не такой, — обращаюсь к Лукашу. — К этому я и вёл. Ты всё возлагаешь на Бога. А русские тем временем бомбят.

— Намёк понял. Только люди никогда не смогут придумать такую кару, как Бог. Никогда.

— Какая, по-твоему, может быть кара в этом случае?

— Предвидеть не берусь. А наше дело пока — отбиваться.

Их сын и зять на войне, до этого жили каждый своим хозяйством, теперь эти хозяйства во многом на Михаиле Николаевиче и Алёне.

Года за полтора до войны тот его кум пошёл по контракту в армию. У Лукаша была такая догадка, что парень хоть и смеялся над всеми, кому был должен, чувствовал себя всё-таки не совсем спокойно, вот и решил поправить свои дела контрактом, чтобы хоть кому-то что-то вернуть. Во время войны он несколько раз звонил Лукашу, со смешком предлагал молиться за его сохранность из соображений собственной выгоды.

Теперь Лукаш говорит, что хоть и был за этот год раза четыре в церкви, но ни за кума, ни за кого-либо другого не помолился ни разу, поскольку не имеет такой привычки. Привычка у него другая: вошёл, перекрестился, немного постоял — и был здоров. Ну, иногда, сойдя с паперти, выпил с мужиками за столом в кустах, бывает — нечего скрывать, — почти до песнопения, только не церковного… А в данном случае, рассуждает, наверное, стоило бы всё-таки уважить кума — может быть, действительно вышло бы так, что тот остался бы жив, объявился бы с победой и на радостях вернул бы пусть не сразу все 450 долларов, а хоть сколько-нибудь.

21 декабря. Год войны

Женщина из соцслужбы интересуется, смогу ли я выбраться из дома в случае очередной русской бомбёжки. Вообще, говорю, могу, но до сих пор всякий раз оставался на месте, памятуя, что чему быть, того не миновать, тем более что мои окна всякий раз оставались целы. У соседей вылетали, а мои, выходящие во двор, держались.

Она отвечает мне другой поговоркой — про бережёного, которого бережёт не кто иной, как сам Бог.

Я спрашиваю, зачем соцслужбе нужно знать, способен ли я передвигаться без посторонней помощи именно во время бомбёжки: неужели кто-то сможет явиться мне на помощь под вражеским огнём?

«Мы составляем списки тех, — объясняет она, — кто будет не в состоянии самостоятельно выйти из повреждённого помещения. Будут, например, выбиты у вас окна, появится дыра в стене, а в природе мороз, ветер. В таком случае мы, заранее зная, где вы находитесь, явимся к вам, чтобы доставить вас в отапливаемое место. В прошлые разы это было помещение бывшего детсада на восьмой сотне».

«Ахтырка, — писал Квитка-Основьяненко, — из прежнего татарского укрепления, опустевшая и считавшаяся в польском владении, возобновлена укреплением, и по многолюдству начала почитаться городом с 1645 года». Всего в ней было когда-то 10 казачьих сотен. Казаков давно нет, но сотни в сознании жителей продолжают существовать каждая со своими особенностями.

Женщину из соцслужбы сменяет женщина из Красного Креста. Оказывается, я должен быть готовым по её следующему звонку взять тележку и явиться, если смогу, по такому-то адресу, где получу гуманитарку в двух ящиках. В одном будут продукты, в другом моющие и гигиенические средства. Если, опять же, не смогу добраться своими ногами, то должен, по возможности заранее, дать об этом знать.

Положив трубку, хвалю себя за то, что не нагрузил Красный Крест сообщением, что у меня нет тележки, как будто он, Красный Крест, обязан мне предоставить ещё и средство доставки. Таких, что нагружают все учреждения и заведения подобными запросами, немало. Прямо говоря, таких много.

Известная — самая ушлая — часть населения при первых же проблесках гуманитарки решила, что это никакая не добровольность, не благотворительность, а святая казённая обязанность — раздавать направо и налево дармовые харчи и прочее.

Полная уверенность, что война для того и война, чтобы власть взяла на своё содержание, ну, конечно, не всех пенсионерок и пенсионеров, а только тех, кто на это громче других претендует.

Дополнительное, премиальное удовольствие: при полнейшем отсутствии такой нужды устроить очередь. Очередь, ясно и понятно, должна быть со всем, что положено: с толкотнёй, криками, припадками, а то и рукоприкладством.

Видел в одном селе… Толпа у сельсовета, где идёт раздача очередной порции гуманитарки, а над нею, над толпой, на высоком крыльце стоит простоволосая, расхристанная гражданка преклонного возраста и громовым, почти мужицким голосом произносит речь — наверное, примерно так, как лет сто с чем-то назад её прабабка в первые дни революции.

Она как бы выдёргивает из толпы то одну, то другого и допрашивает, за какие такие заслуги перед государством — перед кем же ещё?! — «ты, старая курва» припёрлась сюда за кульком дармовой гречки. «Что ты делала, скажи, чтобы люди слышали, в колхозной жизни, а? Может, дояркой под коровами сидела день и ночь, света белого не видя? А ты, лысый мудак, где ты пропадал всю жизнь, что мы тебя здесь не видели до недавнего времени? На какой ниве трудился, не покладая рук, так что тебе теперь положена торба пряников?»

А с другой стороны…

В ночь с седьмого на восьмое марта русские подвергли бомбардировке центр Ахтырки. Были разрушены и повреждены здания горсовета, музея, суда, дома культуры, дома торговли, детских садов, многоэтажек, музыкальной школы. А утром на улицах, засыпанных осколками стекла и кирпича, женщинам раздавали цветы. Живые цветы появились во всех аптеках, на всех этажах больницы, в магазинах. Это был подарок женской половине пострадавшего города от известного здесь предпринимателя-цветовода.

«Сквозь слёзы и печаль у женщин и мужчин появлялась улыбка. Уже в то время ни один ахтырчанин, оставшийся в Ахтырке, не сомневался, что мы выстоим и победим. Мы, жители небольшого приграничного городка, в то время вдохновляли всю Украину своей несгибаемостью и уверенностью в победе. Даже смеялись. Была такая шутка: они обещали за три дня взять всю Украину, а не смогли взять Ахтырку. В то время мы были без тепла, света, воды, но были свободны и непобедимы!»

Это — из недавнего выступления главы города на международной встрече «Свет для Украины» в польском городе Жешув. По неистребимому украинскому обыкновению, велеречиво, но в этом случае где-то всё-таки по делу.

2023

3 января. «Не-на-ви-жу!»

— Ненавижу!

Поминутно слышишь это от женского пола и очень редко — от мужского.

— Поубивала бы их всех!

— Не знаю, что сделала бы с ними всеми!

Если быть точным, то за время войны я в Украине ни разу не услышал этого слова ни от одного мужчины — ни от военного, ни от гражданского, ни от молодого, ни от старого.

В чём тут дело, знаешь... Да нет, знаешь только то, что говорит об этом наука и практика, а ничего такого, что избавило бы тебя от ощущения загадки, всё равно не знаешь.

Ну, чувство у них идёт впереди мысли — и что? А почему, если это на самом деле так?

Ну, тонкослёзая она, сдерживаться ей труднее и всё такое — а почему и для чего?

Глупец — тот знает всё, и это — в первую очередь. У него с утробы готов ответ: баба, мол, глупее мужика.

Но ты-то знаешь (вместе с Пушкиным!), что она не только не глупее тебя, а скорее умнее.

И не добрее она тебя, и не злее. Она, в общем и целом, такая же, как ты... да не такая.

И может, всё-таки не случайно давно сказано о половых войнах как о будущей разновидности этого вечного занятия двуногих?

Ну а пока что идёт война обычная, и вот сейчас окончательно проснусь, пойду за фермерским молоком к Сугаку и там, в небольшой очереди, услышу женское: «Не-на-ви-жу!» — если будет объявлена воздушная тревога, отчего всем будет велено покинуть магазин, а с крыльца станут «запускать» по одному.

17 января. Второй вариант

Единственное, в чем Сергей П. не сдержан по ходу телефонных разговоров с друзьями, остающимися на гражданке, — его личная жизнь то ли вблизи, то ли на самой передовой — не уточняет.

— Вообще личная жизнь на фронте — у кого она есть или случается — кипит подчас так, что врагу не пожелаешь, — говорит Сергей, приводя в пример себя первого.

В апреле он был не очень тяжело ранен, провёл недели три в госпитале и вернулся в свою часть. Вскоре за ним последовала юная санитарка из этого госпиталя. Она объявила ему и всем, кто хотел её слушать, что не может и отныне не будет без него жить, а оставшийся «где-то там» муж — то так.

Буквально с первого относительно вольного часа она не даёт Сергею передохнуть. Он ошалел от её ненасытности, усиливаемой, видимо, всеми звуками и запахами войны.

— Затрахала она меня. Ну, заебала! Не считается ни с чем: давай, и всё! Если не убьют её или меня обычным способом, то прикончит она меня своей пиzдой. Специальными таблетками кормит! Может, ты бы её отвлёк? — говорит он дружку, а тот передаёт его речи мне, добавляя, что колеблется. Одно, мол, дело отправляться туда по мобилизации или даже по своей воле защищать Украину и другое — не Украину, а попавшего в такой вот переплёт товарища.

Не скажу, что одобряю этого Сергея, с которым незнаком. Сочувствую, правда, и ему, и его санитарке, но ей — больше, особенно если она о своей полевой/половой жизни так не распространяется, а он — чего нельзя исключить — всё преувеличивает.

4 февраля. Разлюбила ходока

Как известно, в Украине женский пол до 30 лет на три четверти состоит из Алин и Карин, в связи с чем та Алина, с которой я общаюсь, уже 10 лет собирается поменять своё имя. Это желание возникло у неё после того, как в девятом классе она однажды вникла в значение слова «пошлость».

И каждая вторая Алина, а Карина — каждая третья ходит с крошечным серебристым шариком, приколотым к щеке. У Алины он приколот к правой, у Карины — к левой.

Та Алина, с которой общаюсь, живёт уже без шарика.

Она закончила Харьковский университет, в настоящее время волонтёрит, побывала замужем, о чём не жалеет — ведь какой-никакой опыт. После этого опыта у неё появился 40-летний разведённый друг-художник. Летом она проводила его в армию, оставшись «сторожихой» картин в его квартире.

До войны они готовились перебраться в Россию, ближе к его родителям, но после первых налётов на Ахтырку дружно разозлились, перешли на украинский и решили остаться в Украине.

Среди картин есть и она в полный рост — похожая и, что странно, не приукрашенная: стройная, с немного вздёрнутым носом, из-под шапки вроде лыжной на плечи спадают распущенные волосы. Так в Ахтырке ходят все Алины, не говоря о Каринах.

Одно время её героем был покойный российский политик Борис Немцов, но после того как она узнала о его увлечении женским полом, в том числе украинским, стала говорить, что ей это противно.

— Разлюбила ходока, — улыбается. — Дело не только в том, что он был сердцеед. Любил говорить об этом. Это так вульгарно!

Я не совсем по делу вспоминаю о такой его противоположности, как последний русский царь. Однолюб, подкаблучник, увлечённый семьянин.

— И угробил, хотите сказать, Россию? Да, угробил дурак. Но он же не рвался в политику, во власть. Он родился царём.

Немцов, говорю, тоже не так уж сильно хотел на самый верх.

— Но политикой-то занимался. А что такое политика, как не борьба за власть? И занимался он ею очень даже серьёзно, иначе его не убили бы в самом центре Москвы.

Заходит у нас речь и о «Слугах народа» — так называется партия, которая сейчас преобладает в украинском парламенте, и не только в нём. Что общего у этих «слуг» и тех, что в российской госдуме? Не только то, что не живут на жалованья. Судя по известным записям их разговоров, это обитатели не очень чистой казармы, причём втайне не совсем уверенные в себе.

— Не достигшие зрелости козлы, — говорит Алина. — Что с них взять?

— Слово «повесы», — спрашиваю, — к ним не подходит?

— Нет. Это, на мой вкус, мягко.

— Вроде как прощающе?

— Ну да, не хватает презрительности.

В слово «пошлость» она вникла, как сказано, в девятом классе, а в слово «вульгарность» — только на третьем курсе, зато как следует. Под это слово студентки однажды устроили что-то вроде семинара в общежитии. Поводом им послужил отзыв Пушкина о Татьяне Лариной.

> Никто б не мог её прекрасной
> Назвать; но с головы до ног
> Никто бы в ней найти не мог
> Того, что модой самовластной
> В высоком лондонском кругу
> Зовётся vulgar. (Не могу...
> Люблю я очень это слово,
> Но не могу перевести;
> Оно у нас пока что ново,
> И вряд ли быть ему в чести...)

Алина бывает в Киеве, у неё там есть знакомые в главных учреждениях. По их рассказам, больше всего vulgar'ой разит от Рады, и не только от «слуг», но и от «служанок». А вот где совсем, мол, этого нет — в штабе Залужного. Она там не бывала, не знает, где он находится, этот штаб, судит по отзывам и слухам.

Это совпадает с моим представлением об этой украинской «конторе № 1», хотя передо мною только документы. Последний из них — заявление главкома Залужного о попытках посеять рознь между главным командованием и министерством обороны. Он предупреждает, что этому не бывать.

Документ сильный не только по содержанию. Он отличается спокойной, хочется сказать — гетманской важностью тона.

Так мог бы написать Мазепа, говорю Алине. Мы, естественно, сразу вспоминаем историю с влюбившейся в него Мотрей, его знаменитое письмо.

«Мое серденько! Опечалил меня гнев твой за то, что я не оставил тебя при себе, а отослал домой, но посуди сама, что бы было, если бы я поступил иначе. Первое, родные твои повсюду разгласили, что я дочь у них взял ночью насильно и держал при себе любовницей. Другая причина, если бы ты продолжала находиться у меня, я никаким способом не мог бы воздержаться, да и ты также, и стали бы жить по- супружески, и за это могло прийти от церкви на нас проклятие и запрещение нам вместе жить. Куда б тогда я дел тебя, и как бы тогда сама на меня плакалась».

Ему было 65 лет, ей 16.

...А в заявлении Залужного, в самом конце, содержится нечто важное и новое для советского/постсоветского сознания.

«Перевод ответственности или вины подчинённых на руководителей не только вредит делу, но и противоречит управленческим принципам НАТО, на которые мы стремимся перейти. Это касается и министерства обороны, и Вооружённых сил».

Так наконец в Украине отбрасывается одно из важнейших положений той кадровой политики, которая идёт от сталинизма и до сих пор считается непреложной.

15 февраля. Без внуков

Мать почти с детства учила её, что к мужчине надо относиться, как к скотине, в хорошем, правда, смысле, в крестьянском: искать в нём пользу для хозяйства. А любовь — то так, было и прошло. Смотреть надо, что он может тебе дать, кроме минутного удовольствия. А также помнить, что от него, даже от самого полезного, может быть и вред — болезнь, например, и не только абортная. Всё это надо взвешивать, думать, как сделать так, чтобы издержки были по возможности не слишком обременительными.

Обе при всём своём уме не допускали мысли, что и мужчина может относиться к женщине точно так же: как к скотине в полезном смысле, и что, стало быть, в совместности им предстоит тягаться и это и есть жизнь большинства со времён Адама и Евы.

Уже на последнем вздохе мать сказала, что умирает в полном спокойствии, так как точно знает, что замуж по любви дочь никогда не выйдет. Полюбить девочка, конечно, сможет — живой всё-таки человек, но к браку это не будет иметь никакого отношения, и ничего страшного, а наоборот, это как раз то, что надо, — жизнь её в результате будет только более интересной, чем у остальных.

Большинство людей, добавила она, не интересны друг другу вообще, а в супружестве — тем более. То, что их хоть как-то интересовало, они уже получили в самом начале; здесь бы им и поставить точку, да нет такого правила.

Связь, связи, связываться/не связываться — это были ей от матери путеводные слова. Связь — о мужчине, связи — о знакомстве с полезными людьми, связываться/не связываться — иметь с кем-либо дело или не иметь.

Только в аспирантуре она стала употреблять — для себя и в разговорах — выражение «потребительский подход». В словаре матери-медсестры его не было.

Она пошла в политику, сначала — в местную, и на русской стороне. Сказалось то, что с матерью у неё никогда не было разговоров на исторические и политические темы. Из подруг и друзей тоже никто ей не сказал, что существует такая вещь, как историческая тенденция, которую не мешает угадывать, если не хочешь оказаться в дураках.

Всецело положившись на русскую сторону, она пожила очень неплохо, а нажилась ещё лучше. У неё стало так всего много, и так хотелось ещё больше, и так была она поглощена заботами об этом, что мыслям о будущем просто некуда было поместиться.

В своё оправдание она потом могла сказать только то, что так было со всеми её видными однопартийцами (с не совсем видными не связывалась). Жили одним днём и с уверенностью, что всё будет хорошо.

С приходом украинцев её положение ухудшилось, но не критически. Она не была таким заметным лицом при прежней власти, чтобы стать одной из жертв происшедшей перемены. К тому же ей уже было известно выражение «историческая тенденция». В соответствии с этой тенденцией она завязала отношения («связь») с одним заметным лицом из новой команды.

Теперь она, как ей казалось, знала о жизни уже всё... да не всё. Ей не было известно такое выражение, как «историческая случайность». Эта случайность привела к власти что-то совсем уж несуразное, и пусть бы, но в тень было загнано почти всё, что привыкло быть на виду.

На сей раз она оказалась невостребованной, чем не замедлил воспользоваться муж: стал гулять даже не открыто, а с вызовом. Так завершилось их многолетнее перетягивание каната.

Оставался сын. К нему у неё был тот же подход, что ко всем, но с одной разницей. Когда посторонний нужный человек переставал быть ей полезным, она его легко забывала, а сына выкинуть из головы было бы, как ей казалось, труднее: всё-таки что-то своё, собственность — поэтому старалась, чтобы у него всё было хорошо.

Она была довольна, что он не спешил жениться.

— Очевидно, что многим бракам не хватает интеллекта, — рассуждал он при гостях. — Мягко скажем, многие женщины явно глуповаты. Их мужья тоже умом не блещут, хотя среди них очень много и образованных. У них нет ни фантазии, ни вкуса. Им просто не о чем говорить, и не происходит никакого развития. Но и чисто интеллектуальная сторона сама по себе также любовью не является, это будет просто дружеское общение двух мыслителей.

Слушать его ей было скучно, но смысл и особенно солидность речи позволяли надеяться, что ошибок он не наделает.

В первые дни войны он пошёл в армию. Для обоих само собою разумелось, что всё ненадолго и потом этот поступок ляжет полезной строкой в биографию — причём не только в его, но и в её как матери участника боевых действий.

Одинаково равнодушные и к России, и к Украине, они без размышлений и обсуждений исходили из того, что выиграет Украина. Того же мнения был и её муж, а его несомненный отец, но он был настроен на трудности, и трудности очень серьёзные. К нему они, естественно, не прислушались.

За прощальным столом сын продолжал развивать перед гостями свою мысль о супружестве.

— Наша цивилизация — цивилизация вайшьев. У касты вайшьев нет никакого ордена Подвязки и культа Прекрасных Дам. Следует, однако, отметить, что речь идёт по большей части о более-менее человекообразных существах, а не об откровенных скотах, типажах Чезаре Ломброзо, банальных или нетрадиционных пациентах психдиспансеров. Что будет после нас, какой номер выкинет то ли природа, то ли неизвестно что или кто, мы не можем знать.

Никто с ним не спорил, но он говорил так, словно намеревался победить (не убедить!) всех несогласных.

— Да, любовь — это то, что отличает людей от фауны. У животных может быть привязанность, но не в этой сфере. Отсутствует индивидуализация объекта. Выбор только по видовому признаку. И всякие попытки очеловечивания таких спариваний фальшивы. Правда, во всём многообразии царства зверей и птиц для идеализации обнаружили одну лишь «лебединую верность», да и она — те же инстинкты и гормоны. Такой же антропоморфизм, как то, что дельфины спасают утопающих или отгоняют от них акул. В действительности они резвятся и для них что человек, что мяч — предмет забавы. В игре с ним они могут вынести его к берегу или, наоборот, подальше в океан, только в последнем случае некому будет рассказывать о спасении. Акулы же просто боятся дельфинов. Хотя большая часть Homo sapiens — тот же обезьянник и дельфинарий.

Гости оценили остроту, некоторые из вежливости посмеялись.

— Война людей не меняет. Она их проявляет, — сказал он под конец вроде между прочим, но с таким расчётом, что это будет отнесено и к нему. Расчёт оправдался: гости встретили его слова аплодисментами и вспомнили их через два с лишним месяца на его поминках.

Получилось, что не только её жизнь — ряд ошибок, но и его.

После похорон у них с мужем состоялся первый за долгие годы непринуждённый разговор. Муж спросил, не жалеет ли она, что они остались без внуков. Она сказала, что нет, не жалеет: поставлять мясо к столу вайшьям — занятие, не стоящее ни душевных, ни материальных затрат.

24 февраля. В пивной

В этом доме можно услышать:

от хозяйки — что Запад есть, по существу, только Англия и США, а все остальные страны более или менее вольно к ним примкнули после поражения Германии во Второй мировой войне;

от хозяина — что Англия не случайно оказалась первой страной, которая сразу поняла, что означает нападение России на Украину, и разъяснила это остальным, в том числе американцам. Она же в своё время втолковала им, американцам, что будет означать победа Гитлера, если те вздумают уклониться от настоящей войны против него;

от обоих — что уж что-что, а могущество США Западная Европа сознаёт всеми фибрами и что именно поэтому американцев там и недолюбливают.

Тот же Макрон выёживается, мол, не только потому, что он Макрон, а потому что Франция не может простить англосаксам, что не она победила Гитлера.

Я называю их квартиру пивной. Первый раз они почти обиделись, и мне пришлось уточнять, что подразумеваю не запахи, например, а то, что пивная — это место, где никто не утруждает себя обоснованиями своих заявлений.

Здесь редчайший случай: украинка хозяйка сочувствует России, украинец хозяин горой стоит за Украину, и они ни разу даже не поскандалили на этой почве, хотя топчутся на ней, слегка толкая друг друга, с утра до вечера.

Нередко они просто по-разному называют примерно одно и то же.

— Это твоя Россия невзлюбила Украину! — беззлобно кричит он ей.

— Твоя Украина первая решила послать Россию подальше! — возражает супруга.

Он:

— Твоя Россия хочет вернуть себе всё, что считает своим. Исторические земли, бля. В исторические границы ей захотелось!

Она:

— А твоя Украина хочет удержать чужое!

Он:

— Все земли, какие есть у любой страны сегодня, когда-то были чужими. Не знаешь истории? Жить надо по сегодняшнему закону, если, конечно, в твои планы входит вообще жить.

Она:

— Украина хочет всех у себя сделать украинцами!

Он:

— А Россия хочет, чтобы русские в Украине были, как всегда, номером один!

Хозяйка сожалеет, что война убила русскую культуру для таких, как её муж. Год назад он хотел было выбросить все русские книги — она не позволила. Я говорю, что подавляющее большинство не читает ничего, остальным же всё равно, что читать. А в глазах человека, который ценит классику, будь он украинец или марсианин, никакая война не может уронить ни Пушкина, ни Шевченко, ни Гёте.

— И всё равно жалко, — говорит она и кивает на мужа. — Потому что вот такие дурачки.

С другой стороны, говорю я, когда бы ещё можно было бы сократить русское присутствие в Украине до безопасного для украинства уровня? В мирных условиях население Украины никогда бы до этого не созрело.

— Верно: ни-ког-да, — говорит хозяин, и мы с ним приступаем к рассуждениям о том, какая противоречивая штука наша действительность. За соразмерность выставляется безмерная цена в виде человеческих жизней.

Хозяйка начинает плакать. У них два сына. Младший до войны жил в России, в Твери, недавно был призван в армию.

Где отбывает службу, неизвестно. Старший жил при них, в Украине, в армию ушёл добровольцем, воюет где-то на Донбассе. Младший с рождения ходил у неё в любимцах — так объясняет её уклон в сторону России хозяин.

25 февраля. Умные люди

Я с юности преклоняюсь перед успешными спортсменами, поскольку по себе знаю, сколько воли, труда и, главное, таланта требует от этих людей их занятие.

У меня была воля, было трудолюбие, но не было и проблеска спортивного таланта, чем, видимо, и объясняется моё преклонение перед теми, у кого он есть.

Отсюда, видимо, и моё чутьё на такой талант.

Я ничего не понимаю в боксе (сам занимался гимнастикой), видел только один бой Виталия Кличко, и этого мне хватило, чтобы сказать себе: он — гений и очень умный человек. Да-да, в талантливом, тем более гениальном спортсмене не может не быть сильного ума, как бы он ни проявлялся.

Поняли? Дураков среди хороших спортсменов не бывает, а те, что слывут дурами и дураками — это просто чудачки и чудаки. Их недоброжелатели не усекают разницы.

Ну так вот. То, что Владимир Кличко, как только что стало известно, пошёл на войну танкистом, лишний раз и замечательно подтвердило мне то, что сейчас говорю. Это поступок умного человека. Как поступком умного человека было то, что Виталий вернулся из-за кордона в Украину и стал здесь продвигаться на самый верх.

Конечно, оба поступка рискованные, и трудно сказать, какой больше. Владимир может погибнуть на фронте, как Виталий мог и может погибнуть от наёмного убийцы. Но погибнуть можно и от сосульки из-под крыши. Вот это и есть то, что имеет в виду всякий умный человек, когда поступает смело, или геройски, как это называется.

Мне пришлось несколько раз в жизни отколоть что-то похожее, и когда слышал потом такие слова, как «смелость», «героизм», я искренне не мог отнести их к себе. Я всякий раз считал, что поступил не смело, а умно, даже хитрожопо, потому что приобрёл такой опыт, которого иначе у меня не было бы. И главное: мне всякий раз было интересно поступить не совсем обычно.

Интерес — это вообще сильнейшее из свойственных человеку побуждений.

Бывший генпрокурор Луценко тоже на войне, он командир всего-навсего взвода. Я с ним не знаком, но уверенно скажу: тоже умный человек, как и остальные известные в Украине деятельницы и деятели, влившиеся в армейский личный состав. Им всем, кроме прочего, интересно там, где они находятся.

Об одной очень известной особе, которая предпочитает курорты фронту, я говорю её дружбану: «Скажи своей дуре, пусть идёт хотя бы в санитарки полевого госпиталя, если хочет удержаться на виду. Это, конечно, тоже карьеризм, но благороднейший и умнейший из карьеризмов. А прикончить её может и супруга одного из её хахалей».

8 марта. Не без любви

Письмо на «Свободу»:

«…Хищниками для нашего овечьего стада оказались военкомы с ментами. Наиболее резвые сразу ускакали от них на чужедальние пастбища. Другие стали перемещаться по родным угодьям, уклоняясь всеми способами. Те же, что попали в пасти военкоматов, стали брыкаться — требовать обещанных денег, обмундировки и похлёбки. Во всём стаде чувствуется напряг. Не исключено, что станут лягать и волков. С таким стадом волкам не справиться».

Вне поля зрения этого москвича остаются люди, которых трудно уподобить овцам. Например, мать мобилизованного и вскоре погибшего молодого человека, которая уверяет страну и мир, что гордится им и готова, если потребуется, отправить на передовую второго сына.

Другая мать жалуется, как плохо обошлись с её мобилизованным сыном. Не обучив и обозвав «мясом», бросили с автоматом против украинских миномётов. Он, бедный, уполз с передовой куда глаза глядят, бродит теперь, никому не нужный, по лесополосам в луганской степи.

Чего требует эта женщина? Какова её, так сказать, программа? Какое гражданское настроение она выражает? А такое, что власть должна лучше оснащать мобилизованных, с тем чтобы они могли успешно, согласно присяге, выполнять свой долг — убивать украинцев.

Пишут о тех, кто ВСЕМ доволен — например, о женщинах, которые никогда не видели таких денег, какие сейчас получают за воюющих мужей.

Заявляют о себе и те, кто тоже доволен, но более возвышенно, ибо дождался наконец того в жизни, чем можно быть довольным без натяжки, а именно Отечеством, дающим отпор врагу.

Одни только расстраиваются, глядя на таких, другие находят и слова: говорят, что те поражены любовью к Родине, как проказой.

Многих, конечно, посылает на войну надежда улучшить материальное положение семей. Кремль использует их нужду, бедность, но ведь не только это. Готовность людей подчиняться — это ведь и есть гражданская сознательность, как они её понимают, или просто сознательность — слово из советских времён.

Эту сознательность легко спутать с тем, что называется приспособленчеством, но что с того, если в «простом человеке» то и другое переплетается самым естественным образом?

Этот человек обычно не имеет претензий к себе, терпит, а то и любит первое лицо в государстве, но всегда готов обрушиться на остальных начальников и выгодоприобретателей. Кто в России наших дней выразит его состояние и пожелания? Кто решится и у кого получится? Какие они будут, эти пожелания? Какие речи, какие слова и словечки могут подействовать на этих людей? Демократия, разделение властей, права человека, вольное предпринимательство, защита собственности — только не эти, ой, не эти.

Под конец совка, помнится, гремело, хотя и не с экранов: «Товару и порядка!» Теперь может прогреметь: «Мира и порядка!» Люди в конце концов скажут, что они согласны жить не лучше, чем до войны, а даже хуже, лишь бы в мире с той же Украиной, с Западом и Востоком и… с путинизмом, как бы он ни стал называться, пусть бы только прижал богачей и чинуш.

Это обещает что угодно, только не свободу, не демократию.

11 марта. Соседки

— До восстановления всего, что было разбито и в Ахтырке, и у нас, еще надо дожить, но основное сделано: все помещения отмыты от говна, — докладывает мне знакомый каменщик Мыкола.

Мы идём с ним по главной улице Тростянца.

— Принюхайся. Правда же, говном не воняет?

От Ахтырки до Тростянца 22 километра. Ахтырка отбилась, а в Тростянец русские вошли и удерживали его целый месяц. Это была часть Кантемировской танковой дивизии, что-то ещё. Оттуда долетало и до Ахтырки. Помню день, когда наступила тишина и чуть ли не сразу раздались голоса детей на их площадке в парке.

— Цель-задача этих кантемировцев заключалась в том, — говорит Мыкола, — чтобы засрать по возможности все дома. Где жили, где ели, где спали, там и засрали. Где не жили, где не ели, где не спали, там тоже срали. Зайдут, обосрут всё и пошли дальше.

Мыколе под 60 лет, весь тот месяц он со своим семейством не выходил за ворота, потом у себя во дворе и в двух соседских набрал полный мешок осколков.

— А в меня вот не попал ни один. И в мать, и в жену. Ни один! Это такое дело. Не во всякого влетает. А срали кантемировцы и засрали всё, что смогли. Не могу понять: на подоконник взберётся и срёт, чтобы значит на подоконнике его говно осталось. Нам на память, что ли?

Я говорю, что он почти угадал. Это у них от древности. Такой то есть ритуал, такой порядок, обычай, такое заведение. Так показывается, подчёркивается, утверждается соответствующее отношение к убитому или убежавшему, ушедшему, уползшему хозяину дворца, дома, хижины, подворья.

— О! — Мыкола хлопает себя по лбу. — Теперь я понял. У них же и выражение есть: «Я срать на тебя хотел!»

— Да. Или: «Я срал на тебя!» То есть мысленно, в своём уме, в своей, так сказать, молитве он это уже проделал. Обычай на века закрепился в языке… Но я тебя маленько разочарую, Коля. Огорчу, так сказать. Чтобы твоя украинская, твоя национальная гордость не поднимала тебя выше небес. До небес — ладно, это можно и даже по военному времени нужно, а выше небес не надо бы. Не знаю, как ты, а я очень хорошо помню по детству, как соседка Танька на моём хуторе в Рябине скандалила со своей соседкой, тоже Танькой. На улочке было пять усадеб, и в каждой было по Татьяне, поэтому улицу называли: Татьянин хутор. Когда эта Танька уже вволю накричится и у неё уже нет для соседки обидных слов — все выкричала, тогда она поворачивается к ней задом, задирает юбку и показывает ей свою голую жопу. Трусов не носили. И обязательно скажет: «Вот тебе!» А после этих слов уже ничего не произносится — положено плюнуть и уйти. С голой жопы скандалы не начинаются. Ни в коем случае! Предшествуют слова. Голая жопа ждёт своего выхода под самый занавес.

Посмеявшись, подумав, Мыкола говорит:

— Так ты хочешь сказать, что они нас тут по-соседски обосрали целый месяц?

— Не знаю, Коля. Я сам до конца не знаю своей мысли. Помню только, что эти соседки, дав одна другой полюбоваться на свои голые жопы в лучах заходящего солнца, могли спустя ночь в лучах этого самого солнца, но теперь восходящего — да, эти самые соседки! — могли мирно, посмеиваясь, судачить об остальных Таньках хутора.

24 марта. Приспособленец

По-украински «як», по-русски «как».

Если вы, покинув своё украинское село, три дня прожили в городе, то по возвращении домой уже городским гостем должны «какать». Это будет означать, что вы стали культурным человеком.

«Какать» после трёхдневного пребывания в городе — это было больше, чем правило, это был закон.

Этому закону было триста лет, и он был писаный. Под ним было около двухсот указов, постановлений, распоряжений, инструкций, гласных и негласных, царских и советских. Цель-задача в общем и целом не скрывалась: заместить украинство русскостью.

Этот закон можно считать отцом суржика. Мать же суржика — вся имперская действительность, в которой преобладала русскость.

Суржик — смесь украинского и русского, дикая на оба уха. Тем не менее его можно считать самостоятельным языком, потому что на нём говорит большинство. Это первая причина, а вторая та, что я им не владею. Раз я им не владею, значит это отдельный язык.

Лет пятнадцать назад в Киеве был устроен шуточный судебный процесс. Обвиняемым был суржик. Прокурор требовал его запретить. Защита возражала. Кончилось тем, что суржиковая сторона дала взятку судьям, не были обойдены и эксперты, и суржик получил право свободно существовать и дальше.

Шестнадцати лет я покинул Украину, стал жить в Казахстане, в Москве, за границей, писать по-русски, но несколько раз в год наведывался домой, чтобы в конце концов осесть там, где родился, да не пригодился.

В селе я говорил только по-украински. Не хотелось, чтобы люди видели во мне «какальщика». При этом было видно, что дело обстоит наоборот — что я в их глазах кичусь именно тем, что не забыл родной язык. Прекрасно это зная, я всё равно не мог пересилить себя и «закакать».

Похожая история была у меня и с незнакомыми людьми в украинских городах. Не владея суржиком, я говорил с ними по-украински — и они из-за этого тоже видели во мне чудака, который за каким-то хреном рисуется мовой.

С этим обстоятельством в моей жизни покончила война.

Теперь мой школьный украинский язык ни в чьих глазах в Украине не делает меня пижоном. Я это вижу, слышу, чувствую с безошибочностью старого пса.

Более того, замечаю даже одобрительное отношение: молодец, мол, умеет человек жить — ишь, как быстро приспособился к новым условиям.

Вот так. Был пижоном, стал приспособленцем.

7 апреля. Том Канта

В книжном магазине на улице Батюка я, можно сказать, остолбенел перед разделом «Детективы, приключения».

Все полки этого раздела были голые, только на одной, аккурат посредине, лицевой стороной ко мне призывно стоял толстый, приятно голубоватый, с золотыми углами том, на котором легко прочитывалось: «Иммануил Кант. Критика чистого разума. Критика практического разума. Критика способности суждения».

Издание, кажется, не халтурное, хотя и броское — указаны признанные, заслуженно уважаемые переводчики старого закала.

На книгу задумчиво смотрела пожилая женщина в обтягивающих брюках и с распущенными волосами. У входной двери дремала за столом продавщица. Больше никого в магазине не было.

— Вот это встреча! — вырвалось у меня.

— Читали? — спросила женщина, как-то поняв, что моё восклицание адресовалось не ей.

— Сдавал, — сказал я осторожно, чтобы не показаться старым задавакой.

Из-за войны магазин был долго закрыт, хотя от бомбёжек не пострадал. В зубном кабинете рядом с ним рухнул потолок, а в нём — в книжном то есть — только вылетела пара окон.

Женщина сказала, что она тоже много чего в своей жизни сдавала, и не всегда с первого раза: это было во времена, когда ни давать, ни брать взятки за такие дела ещё не было принято. Во всяком случае, в обязательном и почти открытом порядке, как теперь.

— Вы его с какого раза сдали? — спросила она, и меня почему-то потянуло на правду: ответил, что так, чтобы именно Канта, не сдавал ни разу, а предметов, в которых он присутствовал, пришлось пройти…

— Сейчас посчитаю. Научный коммунизм — раз. История философии — два. Просто история — три. Зарубежная литература — четыре. Да, ещё же и научный атеизм! Хороший был преподаватель: молодой, умный и смелый. Требовал знать Священное писание, а также кое-что существенное из истории религий — вот там-то Кант и присутствовал довольно заметно. Присутствовал как мыслитель, проделавший не совсем похвальный путь от материализма до идеализма, хотя Бог, в которого он в конце концов поверил — и твёрдо поверил, по-немецки! — и не был в его представлении человекоподобным.

— Уверовал значит, хотя и по-своему, — сказала женщина.

— Не совсем так. На этом слове преподаватель научного атеизма меня обязательно остановил бы. Кант не уверовал в Бога, а пришел к нему, используя два своих разума: чистый и практический, а также способность суждения. Решил так: раз невозможно ни доказать, ни опровергнуть наличие Творца неба и земли с человеком на ней, то умнее будет остановиться на том, что Он есть. А как выглядит, не гадать.

К нам подошла молодая, вся в чёрном, продавщица и стала прислушиваться. Я понял, что книгу придётся купить, посмотрел цену и стал прикидывать, кому бы её подарить, поскольку одна точно такая, издания 1998 года, у меня есть. Дарить такие книги надо осмотрительно — чтобы человек правильно вас понял. Когда-то я вручил своей однокурснице — комсомольской активистке в день её рождения, да ещё при гостях «Женщину и социализм» Бебеля — обиделась на всю жизнь.

Продавщице захотелось узнать, почему всё же Кант решил, что без Бога не обошлось. Я сказал, что он принял во внимание два обстоятельства. Первое — то, как мудро всё устроено в природе, а второе и, пожалуй, главное — то, что человеку дана совесть. Обременить его совестью мог, по мнению Канта, только Творец. Непостижимая мудрость всего, что есть в природе вокруг человека, и совесть в нем самом.

Я прочитал с обложки:

«Две вещи наполняют душу всегда новым и всё более сильным удивлением и благоговением, чем чаще и продолжительнее мы размышляем о них, — это звёздное небо надо мной и моральный закон во мне».

Ревнивым знатокам Канта — а они все страшно ревнивые — очень не нравится, что это высказывание затаскали по своим романам современные писательницы, а за ними и писатели.

Довольный, что, прочитав знаменитое высказывание, удержал в себе рвавшийся с языка «категорический императив», я понял, что разговор надо свернуть, чтобы не пришлось отвечать на неизбежный в этой обстановке вопрос, верю ли я сам в Него.

…Не успел. Отвечать пришлось. Нет, сказал я, не верю. Чтобы в Него поверить, требуется не только работа мысли, как было с Кантом и кое с кем кроме него, но и чувство — религиозное чувство. Оно так и называется: религиозное. А у меня его нет.

— Бесчувственный вы, значит, покупатель, — сказала продавщица.

— Можно и так, — согласился я, доставая 500 гривен.

— Это же пятнадцать литров молока! — раздалось у меня за спиной.

За мной стояла моя, можно сказать, приятельница Ольга, забежавшая купить — с опозданием на три месяца — календарь.

На тротуаре через дорогу она почти каждый день с утра до обеда продаёт молоко от двух своих коров. Раз в неделю я его у неё покупаю, не жалея хороших слов и о её коровах, и особенно о ней самой. Она их заслуживает. Живёт своим хозяйством на окраине, молоко сюда, в центр, доставляет на велосипеде — до полусотни литров в пластмассовых бутылках. Вернувшись домой и не присев, продолжает возиться по хозяйству. Кроме коров у неё полный двор птицы, три свиньи. Плюс гектар приусадебного участка… Я хорошо знаю, что это такое. Есть, правда, муж, но о нём она не распространяется.

Более того: есть также три взрослых сына и дочь, но все четверо с началом войны ушли в армию. Дочери 29 лет, она старшая, у неё два высших образования, о чём Ольга сообщает нам в обоснование своих слов, что уж Канта её Марина читала. Догадавшись, что нас интересует кое-что ещё, она говорит, что девка не замужем, о чём не жалеет. В эти дни она ждёт производства в офицеры. Командование вроде бы решило смелее присваивать звания тем, у кого высшее образование, а у Марины их два, напомнила нам Ольга.

На этом разговор пришлось закончить. Продавщица сказала, что только что объявлена воздушная тревога — магазин закрывается.

…Так всё нормально, говорила Ольга, когда мы с нею переходили дорогу. Только жалко, что дети хотя и звонят почти каждый день, но ничего про себя не рассказывают, не называют даже точного места своей дислокации. «Жив, не голодный», — всё, что от них слышишь.

По тротуару сновала малышня, через одного — на самокатах и велосипедах. Всякий раз, когда оказываешься на улице во время воздушной тревоги, они бросаются в глаза: как их всё-таки много, и не все со взрослыми.

— Да, Ольга, — сказал я. — Нарочно не придумаешь.

— Что?

— Да это вот всё. Три сына, дочь — все в армии, и вы, считай, одна на хозяйстве со своими трудами, беспокойствами…

— Войну тоже было нарочно не придумать, — сказала она.

Невысокая, плотная, явно сильная, прямой нос, лицо приятное, только круги под глазами и почти неправдоподобно задубевшая кожа — как у колхозницы или путевой рабочей пятидесятых годов прошлого века. Чтобы это здесь написать, я заменил её имя.

6 мая. В лесу

Увидев россыпь могил на пологом склоне у лесной дороги, я сразу подумал о личном составе 93-й бригады, которая встретила здесь наступающих русских год с небольшим назад. Тем более что тыльной стороной кладбище упиралось в огромный песчаный бруствер одной из траншей. Их сеть, петляя, уходила в лес.

Но почему такие крошечные могилы и обелиски на них?

Вслед за этим удивлением взгляд пошёл скакать по надписям.

«Макс. 2005—2019». Это под изображением красавца-котяры во весь рост.

«Буся. 2007—2020». Тоже не последняя красавица — пушистая, с большими глазами.

«Фібі» — лохматый жёлтый пудель.

На некоторых могилках кресты. На многих — искусственные цветы, сосновые ветки.

«Фифина».

«Ларочка. Самой дорогой, любимой, мудрой, прожившей 20 лет».

А вот «Карамелька». На этой могилке блюдце с зерновым кормом — для не смолкающих птиц вокруг.

«Здесь покоится любимый кот Тихон. 2019. Вечная пам'ять».

Ну и, конечно, «Любимой Сонечке».

Сквозь сосны (такой чистый лес!) белели первые дома города.

Честное слово: захотелось лечь в этот белый, сухой, высочайшего качества песок, чтобы уже никогда не встать.

В могучем, здоровом, чистом, кажущемся бесконечным ввысь и вширь сосновом лесу — ну где найдёшь лучшее место для вечного покоя, да среди этих Сонечек и Фифин, чей тихий, убаюкивающий скулёж и мяуканье доносились бы до тебя со всех сторон глухими ночами?

Я не торопился покидать это место. Вдруг мне повезёт — и с минуты на минуту явится очередная похоронная процессия?

И она явилась.

Пожилая чернобровая блондинка в траурном платке, с ухоженным лицом и движениями заслуженной артистки, мужчина с большой белой бородой и такими же кудрями, две тоненькие девочки, одна лет восьми, другая года на два старше, в ручке у каждой планшетик. И, видимо, их мать — средних лет, высокая, простоволосая. Решив, что она должна быть дочерью пожилой пары, а девочки, следовательно, внучками, я поинтересовался, почему не видно их зятя. Мне было сказано, что он где-то на войне, но о сём печальном событии знает, мысленно принимает участие в мероприятии. Ему будут посланы соответствующие снимки. Съёмку ведут его дочери.

Мужчина вынул из рюкзака небольшой белый мешок с покойником, пучок разноцветных лент и игрушечную лопатку. Этой лопаткой его супруга выкопала могилу, что заняло у неё минут пять. После этого она развязала мешок и поцеловала пёсий трупик в закрытые глаза. То же проделали девочки. Их мать и дед воздержались. Девочки, всхлипывая, снимали содержимое мешка и всё происходящее.

Донёсшийся из города сигнал воздушной тревоги перевёл наш разговор на другую злободневность.

Мужчина сказал, что он хорошо понимает своих русских друзей-томичей, когда они кричат ему по сети, что Россия победит, потому что она именно Россия. Вопроса, что из того, что она Россия, он им не задаёт. Это значило бы вступить в спор, в котором он не видит смысла. В их краях он когда-то работал после Харьковского автодорожного института. «Вон куда нас распределяли. Такая была политика». О том, чем закончится война, он сказал, что пятьдесят на пятьдесят: всё будет поровну зависеть и от Украины, и от Запада. «У Запада заговорила совесть. Я этого от него не ожидал и даже чувствую себя виноватым перед ним».

При слове «Запад» мне захотелось, обратившись к моим спутникам, сказать в их лице пару слов всем здешним собачницам и кошатникам.

«Погодите, подруги и друзья! Вот вступит Украина в НАТО, потом и в ЕС, и возьмётся за вас еэсовская бюрократия. Первое, что вы услышите из Брюсселя, будет громоподобный вой недоумения по поводу вашей первобытной вольницы. Ибо ещё не родился и никогда не родится такой европейский чиновник, который мог бы вместить в свою голову, как это возможно:

без какого-либо его участия устроить на самой окраине города, в лесу, роскошнейшем из европейских, такое… Он не сразу найдёт слово — такое чудо народного безобразия, как то, что здесь существует вот этот коммунальный самострой, не давая никакого занятия никакому чиновнику».

Я говорил это не вслух, потому что знал, что услышу, если раскрою рот. «Злой вы», — сказала бы актриса. Я таки угадал. По профессии хирургическая медсестра, она всю жизнь играла, пела, а бывало, и плясала на сцене городского дома культуры — чуть ли не до того дня, когда он был повреждён во время воздушного налёта из России в самом начале войны.

20 мая. В парке № 2

В городском парке № 2 на скамейке у реки сидел крупный человек средних лет и во весь голос разговаривал сам с собою.

— Я его тебе честно искал — хотя бы ногу или руку. А попалась бы голова, так это было бы везение: знал бы, что это точно твой Андрюха.

Река узкая, на другом берегу хорошо была видна детская площадка — богатая, кажется, со всеми устройствами, какие только изобретены на данный момент в мире. Квакали лягушки. На качелях летали будущие защитники и защитницы родины, далеко не все под присмотром женщин разного возраста.

Никто не обращал внимания на очередной сигнал воздушной тревоги.

Поравнявшись с разговаривающим человеком, я увидел, что общается он не сам с собою. В одно ухо был вставлен наушник, в ладони на колене лежал микрофон. Другая рука была на перевязи.

Умеренно заросшее чёрным волосом лицо, непоправимо загрубевшее, но нисколько не хмурое — это мне бросилось в глаза, и я решился не только остановиться перед ним, но и признаться ему, о чём мне подумалось, когда услышал, подходя, его голос.

Он засмеялся:

— Ну, не! Себе пока вслух ничего не рассказываю. Это я с женой товарища говорю. Вернее, теперь со вдовой. Она вас услышала и тоже смеётся над вашим мнением.

В доказательство он вынул из уха наушник и протянул мне. Я отшатнулся.

— А вы подумали, что мужик из дурки отлучился тут погулять?

— Честно говоря, да, мелькнула такая мысль.

— Вот подлечусь, вернусь в свою часть, а там как получится. Второй раз, может быть, и прямо в дурку, никуда не заходя.

— Так тяжело?

— Это вы после войны узнаете.

С детской площадки доносилась музыка, скрип качелей, голоса детей и женщин. Над всем привычно зудела сирена воздушной тревоги.

23 мая. На любой вкус

На вопрос, кто в 2014 году принялся освобождать Донбасс из-под киевской власти, Путин, если кто помнит, сказал, что это был местный рабочий класс, шахтёры прежде всего. На вопрос, откуда у них оружие, он сказал, что это общеизвестно: оно, мол, свободно продаётся в тамошних магазинах.

Я вспомнил эти его слова, как только услышал более сильную, чем обычно, пальбу и гул от украинско-российской границы.

Услышал, правда, не своими ушами, брехать незачем. До Ахтырки, где я сейчас, эти звуки не долетают, а до Рябины — моего села, которое к месту боевых действий на 20 километров ближе, — вполне отчётливо. В тот же день у меня побывали рябиновские друзья и рассказали обо всём, что слышали и видели: дорога на Россию проходит аккурат через Рябину.

А сегодня, то есть во вторник, 22 мая, пришлось пообщаться с человеком, который, по его словам, знаком кое с кем из личного состава того подразделения русских, которое сейчас где-то в районе Грайворона.

Естественно, зашёл разговор и о том, откуда у них оружие и средства передвижения.

Мой собеседник пожал плечами и спросил меня, неужели я, уже год живя в Ахтырке, не заметил, что всё это без малейших затруднений можно купить ну не в любом здешнем магазине — в продовольственных ничего такого нет, а вот в промтоварных — сколько угодно.

Несколько пристыженный, я после этого решил пройтись по промтоварным магазинам центра и более внимательно, чем обычно, посмотреть ассортимент.

И действительно: в какой ни зайду — тут тебе и автоматы, и пулемёты, и гранатомёты, и бронемашины, и танки — на любой вкус, были бы только деньги.

Ума не приложу, как я целый год ничего этого не замечал.

4 июня. После Москвы

1917 год, считает Женя, обнулил все предыдущие российские века; 2022-й, в свою очередь, стёр 20-й.

— Ну, не совсем, — говорю я. — Что-то от прежнего осталось и после семнадцатого, что-то останется и после двадцать второго.

Тут же мне делается неловко при мысли, что она обо мне подумает. «Вот ещё один спорщик-уточняльщик».

Заговорили о сегодняшних русских беглецах на Западе. Хорошо, должно быть, тем из них, которые ничего не знают о жизни их предшественников, оказавшихся там после 1917-го. Сколько там было умных и горячих разговоров, как всё-таки следовало, да почему не получилось обустроить Россию до ухода! Сколько было среди них таких, что мысленно брали это на себя, уверенные, что непременно вернутся, и притом скоро, иначе как же она без них обойдётся — несчастная, на миг свихнувшаяся и всё-таки святая. Выпускали (для кого?!) газеты и журналы, писали и печатали книги, тусовались по салонам, засыпали друг друга письмами всё о том же.

Оставшиеся и уцелевшие чувствовали себя, насколько мы можем знать, не лучше уехавших, но по-другому. Они ведь невольно оказались включёнными в новую жизнь, странную и страшную, чужую и вместе с тем родную. В этом была известная естественность, правильность.

> Нет, и не под чуждым небосводом,
> И не под защитой чуждых крыл, —
> Я была тогда с моим народом,
> Там, где мой народ, к несчастью, был.

— Ну была, — говорит Женя. — И что? Что хорошего было от этого и ей, и её народу? Что изменило в судьбе России её присутствие? На что повлияло её «была с моим народом»?

Сейчас этот вопрос, считает она, в сто раз уместнее, чем после 2014-го и даже год назад. Россия уже, считай, стряхнула с себя те крошки, те пылинки, какими были на ней её гении и приравниваемые к ним — все, кого она только и делала, что жестоко озадачивала, а то и мучила без всякого переносного смысла, а они всё равно заходились от любви к ней, всё надеялись, что она когда-нибудь выгребет туда, куда, по их просвещённому мнению, давно следовало бы.

До 2014 года Женя жила в Москве, куда вышла замуж сразу после Херсонского университета, и никуда из неё не собиралась, а после Крыма поняла, что если не вернётся в Украину сейчас, то через сколько-нибудь лет однажды спросит себя в большой тоске, почему тянула. В шестнадцатом уехала, стала жить в Киеве, снимала квартиру, не заводила ни друзей, ни подруг, хотя сильно, говорит, страдала от одиночества, особенно по вечерам: кругом дома, светятся бесчисленные окна, она знает, что за этими окнами люди, тысячи и тысячи живых людей, а она одна, она — как в пустыне.

Через год уехала сюда, в Ахтырку, к родителям, вскоре вышла замуж. Второй раз.

— Мальчик у меня там остался, — говорит о Москве. — Отец любил его не меньше, чем я. Любил и любит. И Олежка любил его не меньше, чем меня. И любит. Я не могла выдержать борьбу за него. Дед-генерал, бабушка-юристка, два десятка тётушек, а я против них одна. И скажу вам честно, не было во мне полного сознания, что имею больше прав на сына, чем его отец. Ну не было! Я оказалась вроде Анны Карениной, только та — из-за Вронского, а я — из-за Киева да вот из-за Ахтырки.

В Ахтырке у неё со вторым мужем крошечная автомастерская, у них уже мальчик трёх лет, ещё пара-тройка лет — и она будет водить его на дзюдо, здесь оно в моде — особенно, кажется, у девочек. С этим мальчиком она гуляла в парке, там мы познакомились. Это было вчера, на Троицу, так что мне тут захотелось написать, что звучали колокола сразу из трёх ближних храмов, но чего не было, того не было.

Всего в городе семь церквей. После переезда сюда Женя присматривалась, какую из них выбрать, чтобы стать постоянной прихожанкой. Так, чтобы твёрдо, до сих пор не решила. Что-то не везёт со священниками. Не нравятся ей эти батюшки. Может, есть и другие, но те, к которым подходила, не нравятся.

— Хить в глазах и в поведении. Я этого не люблю. Думает, что и я к нему с той же целью.

Хить по-украински. По-русски — похоть.

Я чуть было не сказал, что, судя по всему, ей ещё долго предстоит с этим сталкиваться. Очень уж заметная она женщина. Ей под сорок, а с лица совсем юная, прямо десятиклассница — такое оно у неё ясное, такое белое, как мало у кого даже здесь, где женская молодёжь, да и не только она, белолицая на удивление — на моё, во всяком случае. А фигура зрелая, на поповском языке — искушённая. Вот у меня чуть и не сорвалось с языка, что ещё долго она будет привлекать внимание…

Мастерская уже несколько месяцев на ней. Муж где-то в армии. Где точно, Женя не знает, отправился со своей машиной, джипом «Ниссан». Часть денег на неё собрали по знакомым. Чуть ли не в первый же день пребывания мужа на месте службы машина была сильно повреждена взрывом, пришлось добавлять на ремонт — опять обзванивать, обходить знакомых.

6 июня. Лапы на голове

Что делает окраина, когда на ней появляется хотя бы один чужой? Она заливается лаем, от которого некуда деться.

Но вот на этой же окраине, где собак не меньше, чем жителей, появляется чужак с автоматом и в чём-то наподобие военно-полевой одежды, и не один, а таких — десятки, одни на машинах, другие пешие. Они палят куда-то, где видят или угадывают противника, тот отвечает тем же.

Это называется: идёт бой.

Что же собаки? Они как под землю провалились — их не слышно и не видно, а какая случайно попадётся вам на глаза, та лежит, свернувшись в три погибели, лапа или обе на голове — точно так, как человек закрывается руками.

Если у вас есть минута вглядеться и вслушаться в происходящее, вы можете испытать даже что-то вроде негодования: куда вы подевались со своим охранительным лаем, так называемые друзья человека? Забыли, кто вы такие есть и для чего вас держат, пусть и на цепях?

Из людей такого боится не каждый, а собаки — те боятся все, независимо от породы и возраста, и боятся страшно.

Чтобы собака не замирала от стрельбы и взрывов, её надо этому обучать, что не самое простое в дрессировочном деле.

Человек в такой дрессировке нуждается, как сказано, не каждый.

7 июня. Случайным ветром

Укладывать и везти порознь каждого извлечённого из-под завалов раненого бойца не выходило: не было столько машин и времени, чтобы их сразу найти и пригнать к месту взрыва. Людей складывали в кузов одного грузовика, почти как неживых. Врач Глеб Николаевич не выбирает слов: «Как дрова». Благо, до больницы было совсем близко.

Как некогда обученному, ему было поручено их оружие. Автоматы, разрядив их, патроны, пистолеты, гранаты он раскладывал по коробкам в отдельном помещении. Было бы странно, если бы потом никто, прищурившись, не поинтересовался у него вскользь, не унёс ли он чего-нибудь из этого арсенала на свой двор.

Через несколько дней стали поступать и раненые русские из пленных. Неправдоподобно разношенные ботинки, ветхие нестираные обноски на плечах, о нижнем белье лучше промолчать.

Медперсоналу бросилось в глаза, что свои и чужие ведут себя по-разному. Свои молчат или стонут, кто более, кто менее сдержанно. Чужие в отведённой для них палате одни начинают плакать, другие принимаются громко ругаться всеми словами, при этом некоторые требуют: «Убейте меня!» или «Добейте!»

В первой их партии особо отличался один башкир, выкрикивая это требование так яростно, что ему трудно было не поверить. Врач попыталась ему объяснить: «Вы меня оскорбляете таким требованием». Он — уже совсем враждебно — продолжал настаивать на своём. На следующий день, правда, затих: умер без посторонней противозаконной помощи.

Кто-то, наоборот, хотел выжить и живо интересовался, будут ли его, хотя он и русский военнослужащий, лечить.

Оказывая им помощь, Глеб Николаевич спрашивал, каким ветром их занесло в Украину. Спрашивал, признаётся, с непривычки резко: «Какого хрена?» Они дружно отвечали, что случайным — думали, мол, что их ведут на учения в пределах родины. «Мы заблудились». — «А на язык дорожных указателей ни один из вас так и не обратил внимания? И почему, поняв, что заблудились, не повернули назад?»

Одна пожилая коллега, тоже врач, просила его не накручивать себя и не изводить их этими допросами: «Они все наши дети». — «Ну да, — отвечал он. — Одни наши явились убивать других наших».

В то же время от некоторых медсестёр можно было услышать строптивое: «К этим я не подойду!» Среди женщин-врачей таких, правда, не было. Одна медсестра теперь говорит мне, оправдываясь, но уже спокойно: «Я услышала, как наши стонут, увидела, что сделалось с их ногами, руками и так далее, — и не могла переступить порог той палаты, куда положили пленных».

Из-за реки раненых привозил маленький боец двадцати одного года. Машина обстреливалась, все стёкла были выбиты. «Все!» — подчёркивает Глеб Николаевич. Днями и ночами сопровождали раненых две женщины с потемневшими лицами и в неизменно белых халатах, врач и медсестра. Он не исключает, что их халаты просто казались ему такими свежими по сравнению с почти чёрными лицами.

Мне вспомнился разговор 1963 года с одной колхозной дояркой в Буйском районе Костромской области. На вопрос, о чём ей больше всего думалось на фронте в 1942 году, она ответила: «Скорее забеременеть! Об этом думала там каждая. Чтобы уцелеть. Как становилось заметно, что ты понесла, тебя отправляли в тыл». Она служила санитаркой в стрелковой дивизии. Неожиданно звонко пропела мне частушку:

> Мой милёночек уехал
> Далеко за город Буй,
> А мне, миленькой, наказывал:
> «Гуляй, да не блядуй!» —

и сказала, что ни она, ни те, с кем пришлось служить, этому наказу не следовали: кто-то только на войне, а кто-то и до, и после.

Парня, который доставлял раненых, под конец тоже ранило, и очень серьёзно. Глеб говорит, словно зачитывая мне из истории болезни: минно-взрывная травма, ампутация мышц мягких тканей левого бедра, многочисленные обломки, ранения обеих нижних конечностей, также правой верхней, травматический шок от потери крови…

— А вот бедренная артерия оказалась целой! Пульсировала как ни в чём не бывало на кости… Сказали ему, что пришедшую в негодность часть ноги надо отрезать. Отказался категорически. Был отправлен в Полтаву, там, кажется, тоже отказался, такой верующий в свою удачу.

Это всё было в феврале прошлого года; рассказывается, да и то по крохам, только сейчас и не специально.

С первых часов русского вторжения в Украину пришла известная мания военных времён: не болтать! Ничего и никому, тем более по свежим следам. Первыми этой мании подверглись те, кто оказался так или иначе причастен к войне. Мужья молчат перед жёнами, жёны — перед мужьями.

Так, по крайней мере, следует из моих встреч.

Меня поначалу эта повальная замкнутость сильно озадачивала, чтобы не сказать раздражала. Ты не можешь никого расспросить, как привык, вроде бы вскользь — тебя мгновенно раскусят и могут даже нагрубить, одёргивая.

Совсем свободно те же медики рассуждают только о своём самом общем, профессиональном.

— Раненый не виноват, что он раненый, — говорит ещё не старая, полная, вполне здоровая на вид сестра. — Я вот толстая. Но я же не виновата в этом. Так и он. Раненый — он как ребёнок. Кто любит детей, кто понимает их, тот и раненого хорошо терпит.

Характер ранения, как отмечают, не всегда имеет значение. Рана может быть лёгкой, а психика человека — тяжёлой. Рана может быть и очень тяжёлой, а психика — лёгкой.

Не колеблются с ответом на вопрос, что главное в обращении с ранеными во время войны. Главное — общая дисциплина в медучреждении. Тогда и в каждой палате будет дисциплина. Ребёнок, если с ним не сюсюкают, считает себя взрослым. Раненый же, если от него требуешь порядка, чувствует себя почти здоровым. Он же не дурак. Он понимает, что если с ним обращаются нежно, то дела его плохи.

И наконец: какой человек по жизни, такой он и раненый.

11 июня. Мещанское счастье

Перед войной я объявил в ФБ, что собираю книги для одной сгоревшей сельской библиотеки. Посылок пришло много, большинство — из крупных городов Украины. Содержание их оказалось в общем и целом одинаковым: одни и те же авторы, одни и те же произведения и одни и те же годы издания — 80-е прошлого века. Круг чтения людей, откликнувшихся на моё объявление, был, стало быть, один.

Из одной книги выпал явно забытый в ней листок, наполовину заполненный женским почерком.

«1. Я встретила своего человека, которого я люблю и который любит меня. Человека, который так же хочет семью, как и я, который готов взять ответственность. Он щедрый, добрый и понятливый. Я любима и люблю. Мы счастливы.

2. Я закончила ремонт в квартире, купила новую мебель. Квартира уютная и светлая.

3. Над нами сделали ремонт на крыше.

4. Мы едем в Скадовск с Машей. У нас есть с кем общаться. Погода летняя, море тёплое.

5. Я работаю. Работа приносит удовольствие и очень хороший доход.

6. Я похудела. Моё тело молодо и подтянуто.

7. Я вожу Машу в центр каждый день. Маша не пропускает ни одного дня. Наш водитель очень мил и приятен.

8. Я счастлива, любима и люблю, у меня хватает времени не только на семью, но и на себя и любимого. Я стильно и модно одеваюсь. Я хорошо себя чувствую».

«Вот оно, мещанское счастье первой четверти двадцать первого века», — откладывая этот листок, подумал я тогда словами политизированного разночинца второй половины девятнадцатого.

Сегодня взглянул на этот листок, и мне представился другой, свежий, тем же почерком.

«Я в Германии. С Машей, но одна. Родину бомбят. Моего любимого больше нет».

13 июня. Гомер на паперти

Пока мать где-то в глубине храма увлечена беседой с молодым священником, сын, кудрявый мальчик лет шести, сидит на паперти и не менее увлечённо то про себя, то вслух читает:

— С минуты на минуту прибудет Зевс. Стоит ему взглянуть на поле битвы, и тогда ахейцам конец. Не останется надежды ни на что. Их корабли будут сожжены, и смерть покажется им благом. Необходимо отвлечь Зевса...

С его разрешения рассматриваю книгу, с которой ему жалко расстаться даже на минуту.

«Классика — детям. Гомер. Илиада». Крупный шрифт, красочные картинки: мускулистые мужчины в доспехах, большие мечи в руках, копья, стрелы, скачущие кони.

— Но прежде чем пойти к громовержцу, — читает мальчик, забыв о моём присутствии, — она обратилась ко Сну, любимому брату смерти. Сон, я прошу тебя последовать за мной. Помоги мне усыпить Зевса. Если ты выручишь меня, я отблагодарю тебя. Ты будешь доволен, я не обижу.

— Кто это — она? — спрашиваю.

— Гера, кто! Покровительница ахейцев, — снисходительно просвещает он меня.

…Бедный Чаадаев! Что с ним должно делаться в гробу…

Никто так уверенно не призывал просвещённых и облечённых всевозможной властью сынов отечества отвратить родной народ от язычества, иначе, мол, таким, погрязшим в этой грязи, тот и останется, сколько христианских храмов ни возведёте на его трудовые деньги.

От язычества — значит, прежде всего от этого богомерзкого Гомера — неотразимого, приходится признать, и тем более вредного. Неотразимого — отразить всеми силами, всеми способами! В одобрении оных первый русский философ был смелым и последовательным, как никто.

Если, поучал, трезво вдуматься, то вся эта нетерпимость, все первобытные жестокости, с которыми насаждалось в мире христианское единомыслие, были по тем временам, нравам и обстоятельствам неизбежны, а значит, и необходимы — ну как иначе можно было бы управиться с упорствующими дикарями?

Прошло двести лет, и вот они как ни в чём не бывало звучат с паперти вроде бы христианского храма, да из младых притом уст — красивые и потому обязанные быть особенно отвратительными для христианского уха имена и названия: Троя, ахейцы и прочие.

И вот молодой христианин наших дней, да не простой, а в рясе, с дипломом духовной академии… Выйдет же он когда-нибудь с раскрасневшейся мамой этого начинающего язычника, увидит Гомера в его руках — вскричит ли он гневно или хотя бы вздохнёт удручённо при виде такого издевательства?

Он со своими старыми и молодыми бабками всё никак не отколется от Москвы. Первые лица московского и киевского поповства с вожделением и не бездеятельно ожидают, когда же и на что он решится. Для них нет сейчас вопроса важнее.

«А вот это всё, что перед моими глазами и в моих ушах, вам до лампочки? Вас не колышет, что прямо сейчас шестилетний отрок на всю жизнь с восторгом запоминает имена, которые вам должно быть невыносимо слышать: Гера, Афина, Посейдон, Гермес, Гефест?» — спрашиваю я их, вообразив себя на минуту христианином — настоящим христианином, то есть таким, каких до сих пор не встречал и уже вряд ли встречу.

...В храме тишина, мама всё не идёт, и сын на паперти беспрепятственно продолжает:

— Гера, Афина, Посейдон, Гермес, Гефест на стороне ахейцев. За троянцев выступили Арес, Аполлон, Лето и Афродита... Боги идут на бой.

17 июня. Рядовой

Познакомился с одним солдатом, не старым, но уже тянущим по возрасту на молодого полковника, если не генерала. Он был ранен под Бахмутом, а после госпиталя в Харькове и перед возвращением в часть заехал на день к своим старикам. Высокий, подтянутый, одет во всё зелёное, лёгкое. Бледноватое после всего лицо, ровный соразмерный нос.

В одном отношении редкий, редчайший человек: не употребил, предупреждает, ни капли спиртного за всю жизнь.

До войны он долго жил в Москве, был очень небедным человеком. На родину, в Украину, вернулся, чтобы воевать. Мгновенно вспомнил родной язык, который, как до войны думал, весь из него давно вышел.

У него высшее инженерное образование, немалый управленческий опыт, а служит рядовым солдатом.

Армия — особый мир. В нём своя жизнь, свои писаные и особенно неписаные законы. До каждого очередного звания надо дослужить, лучше — выслужить его, на каждое — своя очередь. Отдать её постороннему, для кого звание совсем не то, что для кадрового военного, — значит обойти законного претендента.

Этот мой новый знакомый командует подразделеньицем вроде отделения, сержантская должность. Перед ранением знакомый штабист ему сообщил, что он в числе пары десятков рядовых представлен к званию старшего солдата, ефрейтора по-старому. Каково же было общее удивление, когда повышение получили все, кроме него...

Сам он, улыбаясь, говорит, что в его случае дело скорее в том, что он всё ещё не получил украинского гражданства, остаётся российским подданным, а штабы — они на то и штабы, чтобы их заполняли, а то и переполняли формалисты.

Перед тем, кстати, как включить его во фронтовой личный состав, его проверяли в разных инстанциях на четырёх или даже пяти детекторах лжи: не русский ли шпион? Причём это были разные полиграфы, в разных инстанциях.

Я с интересом узнал, что помимо своих маленьких командирских обязанностей он неформально отвечает в части за связи с гражданскими. Это как раз то, что мне надо, решил я: устроюсь-ка по знакомству к нему на недельку в роли журналиста.

Он — не очень, правда, заметно — поморщился. Дело, оказывается, не простое. Требуется получить аккредитацию, то есть общее разрешение в Киеве, потом — в штабе части, а у него нет украинского гражданства. Будет тягучка, придётся туда-сюда ездить (почти 400 километров в одну сторону), обивать пороги.

Он к тому же с намёком подчеркнул, что видеть рядом с собою корреспондентов не любят низовые командиры. За гостя надо так или иначе отвечать, приглядывать за ним хотя бы краем ока как раз тогда, когда совсем не до него. Ранят или убьют — возиться с ним. Одно дело, когда он просто в расположении части, другое — на передовой.

Однажды я сам был в похожем положении. Лежим с коллегой, который почти на 20 лет моложе меня, в траве. Кругом довольно шумно. Трава высокая, густая, лежать в ней достаточно надёжно. И вдруг он встаёт во весь рост и начинает снимать на камеру происходящее — без особой нужды, надо сказать. В яркой красной футболке, с непокрытой головой. У меня нет ни кино-, ни фотоаппарата, мне вставать незачем, и на меня находит досада: в него сейчас что-то влетит, ему будет уже всё равно, а мне придётся отвлекаться на него, раненого или убитого, от дела.

Знакома мне и неловкость перед командиром, которому доставляешь пустое беспокойство, и перед его составом. Постояв как-то между двух бэтээров, один из которых горел, я влез к солдатам в ещё целый и первым, что услышал, был вопрос: «Сколько тебе платят, что ты торчишь тут живой мишенью?» Торчал я не из рисовки, а по делу, но всё равно было неловко.

Есть непреодолимая разница между солдатом и таким, как ты: он знает, что ты в любой момент можешь слинять и тебе за это ничего не будет, и ты это тоже знаешь и чувствуешь себя перед ним не лучшим образом.

Мне кажется, я понял, что мог бы сказать этот человек молодым украинским журналистам.

«Якщо тобі заманеться нюхнути пороху, щоб написати про це, натякаючи, яка ти крута молода пані або який ти крутий парубок, то вступай в особовий склад армії, як усі бажаючі, та служи там теж, як усі: що накажуть, те роби, а що не накажуть, того не роби. А без особливої потреби додавати людям клопоту не слід».

18 июня. Без посредников

От прокурора, судьи, адвоката, следователя, полицейского чина услышать что-то интересное и полезное можно тогда, когда встретишься с кем-то из них случайно и он не знает, кто перед ним, а ты не забываешь время от времени, разговаривая с ним, восклицать: «Не может быть! Неужели? Да ладно вам! Так уж и так? Не верю!»

— Посредник, значит? — говорю адвокату, которого мельком представил мне знакомый.

— Нет, — отвечает адвокат. — Посредником был батя.

Сыну лет под сорок, долго работал полицейским следователем. Умеренно румяный, лицо такое, какие называются открытыми.

Адвокат уже, по его словам, сравнялся с прокурором: должен самостоятельно добывать доказательства. Общий красивый и сколь угодно уверенный трёп в суде не проходит, тем более что такие трёпы были для вида. Всё решали деньги, которые истец или обвиняемый давали судье, прокурору и кому там ещё при посредничестве адвоката. Усилия адвоката сводились к тому, чтобы истец или обвиняемый поверил, что его дело плохо и поэтому придётся не поскупиться.

Это всё уже почти в прошлом, во всяком случае, по сравнению с 2012 годом, когда законодательство наконец более-менее всерьёз взялось приближать Украину в этом отношении к Западу.

Брать взятки сегодня может быть себе дороже. Быстрее всего это дошло до молодых и сравнительно молодых служителей закона. Многие из них вздохнули с облегчением. Настоящим преступником всё-таки надо родиться, а природа-мать, кажется, знает меру.

Нам обоим понятно, что украинец уверен, что «берут, гады, как и брали», и будет в этом уверен до скончания Земли — на то он и украинец, но мы-то видим, что жизнь своё постепенно тоже берёт. Законопослушание становится всё более выгодной линией поведения для всех.

Я, кстати, уже как-то писал, что в Украине стало труднее с кадрами судей: подходящие не хотят ими становиться, несмотря на хорошие зарплаты и просто огромные пенсии. Вредно для здоровья.

— Вы посмотрите, — говорил мне один нотариус, — сколько многие из них живут после выхода на пенсию. Два-три года — и всё. Для молодых эта статистика не секрет.

21 июня. Смешанный запах

Счастливый человек Янович теперь весь погружён в книги своей необъятной библиотеки — такой необъятной, что вторые-третьи-пятые экземпляры выносит три раза в неделю на базар, точнее, на тротуар у главного входа. Никто их не покупает, но ему это и не нужно, а нужно то, что с некоторыми, кто остановится и располагает каким-то временем, можно поговорить — не о ценах, разумеется, на жрачку и ширпотреб.

Я цен не запоминаю, что было со мною и тогда, когда не на что было купить хлеба на каждый день, сознаю этот недостаток, от которого порядком натерпелся, но слушать разговоры, что почём было и что почём стало, мне важно. Я в них даже, бывает, участвую.

С Яновичем же мы говорим не о ценах — обсуждаем подлинно судьбоносные, на его взгляд, вопросы.

Он знает своих врагов, и они его занимают больше, чем друзья. Они не только сегодняшние. Их имена называет без запинки, Кочубея — первым, и я вспоминаю свои давно оставленные мечты о времени, когда «наши люди» будут так же спокойно и отстранённо говорить об отечественном прошлом, о тех же схватках Мазепы и Кочубея, белых и красных, как англичане — о Белой и Красной розах.

Я ему довольно осторожно говорю, что раз Кочубей у него и сегодня на языке, то ему придётся, по справедливости, назвать мне миллионы имён. Ведь именно простые люди, всегда особенно мешали государственническим устремлениям известной части старшины. Об этом свидетельствует историческая наука, а то, что она не врёт, можно видеть и по нынешним посполитым.

— Ты об этом меньше говори, — советует он. — Не надо подрывать веру в народ. Идёт война.

Я не допытываюсь, за чью веру в народ он беспокоится, только отмечаю про себя, что он, значит, видит перед собою кого-то, за чьё настроение и образ мыслей чувствует свою ответственность.

Такой себе начальник по культурно-воспитательной части.

Понятно, что я не могу ему так это и сказать. Это значило бы умничать перед ним.

Посполитыми теперь в Украине называют нарід те, для кого существует и народ. Посполитые — это рядовые граждане, составляющие нарід — ту часть народа, которая никогда не голосует правильно, то есть большинство.

Яновичу за шестьдесят, хорошо высохший; бросается в глаза, что чистенько одет — не чисто, а именно чистенько. Явно привык ставить себе такую задачу перед выходом на люди. Свежевыглаженные серенькие поношенные штанці, так же обработанная голубая подвыцветшая рубашка. По этому признаку узнаётся положительный человек, постоянно занятый грубым трудом где-то на стройке или, как они говорят, на производстве, в цеху, а также — в своём хозяйстве.

Сорок лет просидел за рулём и ни разу — сам удивляется — не был остановлен гаишником. Ни разу! Много лет, пока существовал «родной» завод, он вывозил содержимое канализации. «Говновоз я, если честно». Книги собирал, чтобы не пить. Они его отвлекали не только тем, что некоторые приходилось читать, но и тем, что были времена, когда их надо было не покупать, а доставать. Частично соглашается с моим предположением, что запах говна от машины, смешанный с книжным от водителя, и отталкивал гаишников. Нюх-то у них собачий.

…Это, значит, Янович. Но вот американские студенты, которые жалуются своему университетскому начальству на преподавателя, включившего в учебную программу книгу, которая может испортить настроение им, а значит — что их особенно тревожит, — и другим. Они ведь не жили при советской власти! Не жили, но, получается, могут ещё при ней и пожить, если таких же чувствительных и бдительных наберётся там столько, что они смогут устроить что-то вроде...

Вновь и вновь вспоминаю Марио Корти:

«Каждый человек на Земле, Толя, советский, только в разной степени».

Он был директором Русской службы радио «Свобода», когда я там работал.

О современном американском студенчестве прочитал у американского же профессора математики Вадима Ольшевского:

«В одном из университетов студенты-юристы отказались изучать законы об изнасиловании. Потому что изучение этих законов шокирует их. Вгоняет в депрессию. В другом университете студенты-филологи потребовали исключить Фитцджеральда из программы. Потому что в „Великом Гэтсби“ муж даёт Дейзи пощёчину».

О, моя свежесть!..

25 июня. Семья

— Что ему ни скажи, услышишь одно: «У меня своё мнение». Вот что делать, Анатолий Иванович?

— А ничего ему не говорить.

— Пробовал. Обижается: «Что ты со мной молчишь, что я ни скажу?»

— Тяжёлый случай.

— И мать у него такая.

— Это естественно. Такие свойства — от матери к сыну. Что ж, терпи, моя красавица.

— Она-то меня терпит, а я уже не могу. Знаете, что я решил? Пойду-ка я на войну! Сделаюсь героем. Как младший брат.

— Что ж, героями становятся по-разному.

— Боюсь только, он за мной припрётся: «Привет, отец!»

— Ну, хоть она дома останется. Наполовину легче будет.

— А вот этого я не могу твёрдо сказать. Могу и её однажды там увидеть: «Ну, здравствуй, дорогой! Будем вместе от Путина отбиваться».

29 июня. Честность святых

Рубщик мяса — тучный, важный, пьёт не каждый день и когда как. Раздельщик рыбы — худой, не такой важный, пьёт каждый день и равномерно. Оба почитывают, как они выражаются, литературу. Сходясь во время работы, не обсуждают ни базарных дел, ни очередных прилётов из России на близкое пограничье — довольно живо сопоставляют свои мировоззрения.

Рубщик мяса — верующий, раздельщик рыбы — безбожник.

Встревая в их разговор, я, не имея в виду обоих, говорю, что, сколько давно замечаю, безбожники к верующим относятся спокойно, а сильно верующие, особенно из образованных, безбожников не жалуют так, что бывает трудно не заметить.

Дело, видимо, в том, что безбожник знает, что верующие движение жизни не изменят ни в какую сторону. Верующий же опасается, что безбожники могут испортить всё дело — и портят, не ведая, что творят, портят Божьим попущением!

«Да будет, однако, воля Твоя, а не моя» — это говорят Ему единицы, и почти никто — искренне. Если бы каждый говорил это от души, то и душа у него была бы несколько другой — чуть-чуть мягче.

Оба слушают меня внимательно, и я воодушевляюсь.

Верующий, говорю, боится себе признаться, что речи безбожника, само его спокойствие заносит в него, верующего, червя — червя сомнения, которого не должно быть, а он не просто располагается в тебе, а гложет тебя, несчастного. Хуже того, возникает тайное опасение оказаться в дураках, если безбожник каким-то чудом окажется прав.

Рубщик мяса в этом месте меня останавливает и просит повторить сказанное.

Налицо, короче, искушение, говорю я. Не случайно о нём так много в писаниях и речах верующих, причём самых искренних, просто святых. «Помоги мне, Господи, справиться с моим неверием в Тебя» — их молитва № 1. Такой святой лучше всех знает, ибо по себе, что такое человеческое нутро — какое оно падкое на всякие соблазны, особенно на соблазн хоть что-то знать при всей склонности во всё верить, не зная ничего.

Этой честностью святых, продолжаю, честностью прежде всего перед собой, видимо, и объясняется то, что они только тем и заняты, что сражаются с червями сомнений в себе. Делать им больше нечего, скажет кто-нибудь беззаботный, а с ними и вправду так. Что, действительно, может быть важнее, чем таким способом торить себе дорогу если не в рай, то хотя бы куда-нибудь поближе к нему?

Тут уже оба меня останавливают, и я могу продолжить, только повторив.

Продолжаю же так. Иной безбожник тоже может допускать, что ошибается, но это подозрение его не мучит, не тревожит — на то он и безбожник — человек, который не видит греха ни в том, чтобы веровать во что бы то ни было, ни в том, чтобы жить без всякой веры. Он также точно знает и по своему времени, и по давно минувшим, что вера даже во Христа никого не сделала лучше того, кто не верит ни во что. А хуже сделала и делает многих верующих, досыпая в них лицемерия и жестокости.

Правда, говорю в заключение, и последнего безбожника в конце концов не оставило совсем безучастным понятие личности, которое Христос внушил своим собеседникам, — личного выбора судьбы, личной ответственности каждого за свой выбор.

Оба, как и положено честным людям, не скрывают, что из всего, что я тут навещал, не поняли ровным счётом ни хрена, но не раздражается ни тот ни другой. Рубщик мяса только хотел бы всё-таки знать, кто из них двоих, по моему мнению, лучше. Я говорю, что оба. Они предлагают мне не юлить, а тоже проявить честность, я же вспоминаю — не вслух — того известного по литературе подмосковного попика, который, сильно окая, говаривал одному рассуждателю на подобные темы: «Мудрствуешь, однако, негодник. Покайся!»

30 июня. Слёзы любви

Москвичка, доктор наук, член научных обществ и редколлегий, автор десятка толковых книг, не говоря о паре сотен хороших статей, упрекает бывшую подругу. Та, осуждая войну против Украины, забывает, мол, кто устроил гибельный пожар в Одессе в 2014 году.

Подруга горько недоумевает. Можно не знать, что там было на самом деле, но как не понимать, что даже если действительно всё устроили обезумевшие молодые бандеровцы, то этим нельзя — преступно! — оправдывать нападение России на Украину?

Давно знаю обеих, одну заочно. Первая, убеждён, придуривается искренне — так бывает. Лгу не только людям, но и себе в первую очередь, лгу сознательно, но — ради Родины.

Модест Колеров как-то написал: «Люблю Россию — убейте меня!» Человек известный, не самый тёмный и злой в тех краях. Тоже всё понимает. Всё — то есть то, что положено понимать образованному человеку, тем более такому, которому не всё чуждо в христианстве.

Он может объяснить и себе, и кому угодно, почему демократический буржуазный строй при всех его пороках лучше всех остальных — хотя бы потому, что никакой другой не способен прокормить столько двуногих. Он знает, что современность с её научной картиной мира не приемлет животной любви к чему бы то ни было, в том числе и к отечеству.

Всё такой знает, но всё это вылетает из него, как только в нём даёт о себе знать вот это чувство:

Россия, нищая Россия,
Мне избы серые твои,
Твои мне песни ветровые, —
Как слезы первые любви!

Раздвоенность таких бывает даже мила... до тех пор, пока они не принимаются, пусть и не сами, а руками соотечественников, убивать чеченцев или вот украинцев.

— Не мучай меня! — не кричит мне, а почти плачет друг-москвич из моего далёкого прошлого. — Ты сто раз прав. Но я не могу с собой ничего поделать. Вот такой я. Не могу я не быть со своей страной в любой её войне. Даже в этой, в сверхпреступной с её стороны. Не могу!

Жена, уже, считай, бывшая, говорит ему, что он урод, сын считает более подходящим слово «быдло».

— Ты, — объясняет он свою оценку, — не был ни одного дня в школе, хотя ходил в неё десять лет. Ты ни дня не был в университете, хотя закончил его на все пятёрки. Ты не прочитал ни одой строки Толстого, хотя знаешь их все.

— Да, — говорит отец уже мне, — Серёжа прав. Я быдло. Это мой удел. Мой приговор.

Высказываю предположение, что неприятнее всего и жене, и сыну как раз то, что он сознаёт свою раздвоенность, что он существо, говоря его языком, рефлексирующее.

В ответ он декламирует навязшее в зубах:

Нет, и не под чуждым небосводом,
И не под защитой чуждых крыл,
Я была тогда с моим народом,
Там, где мой народ, к несчастью, был.

— Вот-вот. Ещё и кичишься. Мать, видите ли, не выбирают.

Ещё один из того же московского круга говорит нечто совсем уже страшное, но оно всего понятнее миллионам:

— Война против Украины — это нехорошо. Очень нехорошо. Но я никогда особенно не любил украинцев.

Тоже знает все слова, какими это в нём объясняется, может с ходу прочитать — чуть ли не стихами, тут же сочиняемыми, — целую лекцию о пережитках животности, о веках борьбы племён за угодья и поголовья, потом — за воцарение полного единообразия на Земле. В обычном состоянии может даже стыдиться этих следов в себе… А когда доходит до футбола, не говоря о войне, оказывается во власти первобытности: по-обезьяньи счастливым, когда побеждают свои, по-обезьяньи же обездоленным, когда они терпят поражение.

— Такие, как ты, — режу ему правду-матку, — вы ещё и наслаждаетесь своей низкопробностью. Как свободой. Рады дышать полной грудью, избавившись от всего наносного — от того, что дала вам культура.

— Культура?! — восклицает он с напускным изумлением. — Ты что, не помнишь того, что сам то и дело повторяешь? Что культура — от слова «культ», а культ — это как раз дикарское почитание сущих пустяков в глазах современной цивилизации, уже почти сменившей собой культуру. Поклонение какой-нибудь выдумке, сказке, камушку, рукотворному хрену в человеческий рост на площади.

Напомнить ему, что культура не свелась к этому и не остановилась на этом? Ответит знакомыми словами: «Убейте меня».

А что? Сам ведь напрашивается на решение, которое принимает рачительный украинский солдат на передовой: по возможности хорошо, экономя боезапас, целиться.

30 июня. Следак

До самой войны, выпив, а иногда и по трезвости и даже в присутствии жены Михаил Степанович жаловался на жизнь: никогда, ни до женитьбы, ни потом у него не было женщины, с которой ему было так же хорошо, так легко, так свободно, как с матерью, особенно в старших классах и потом, в первые студенческие годы, когда приезжал к ней на каникулы.

Он утверждал, что постепенно пришёл к выводу, что другого счастья, других счастий ни у кого и не бывает, потому что, сколько ни приглядывался, бывая в разных краях, никакого другого — ни супружеского, ни дружеского, ни служебного — счастья ни у кого не угадывал. На его слове «служебного» мне хотелось смеяться, но я его, кажется, понимал.

Впрочем, этими разговорами он мне уже начинал надоедать, или я опасался, что это вот-вот начнётся. Чувствуя это, он, словно оправдываясь, высказывался в том духе, что у кого что болит, тот о том и говорит: ну что же, мол, делать, если за душой не имеется ничего по-настоящему тёплого, кроме памяти о годах с матерью — гречанкой, замужем была за украинцем. Михаил Степанович пошёл в неё: с большим греческим носом, высокий, крепкий, только уже несколько учащённое дыхание.

Она была едва ли не первой в истории своего колхоза дояркой, все годы бессменной — разумеется, орденоносной — и точно последней. С ним, с проклятым и дорогим ей колхозом, и умерла.

Что 24 февраля 2022 года началась именно война, а не что-то иное, и что это надолго, он не сразу поверил, а когда пережил пару бомбёжек и провёл три недели в теробороне, то пришёл в состояние, о котором люди в подобных условиях не всегда решаются говорить вслух, но оно известно: ему стало легче жить.

Он открыл, говорит, что нечто подобное тому, что ему давало пребывание с матерью, можно испытывать к стране, в которой родился и живёшь и где можешь быть убит в любой момент. Как будто после долгого, казавшегося уже вечным отсутствия явился домой, глубоко вздохнул, вступив во двор, и ощутил себя каким-то другим — наконец настоящим — человеком. Значит, это, подумал он, бывает и с другими людьми, и в других странах, и всегда было?

Особенно и поразило, и смутило его, признаётся, то, что он теперь чувствует не только и не просто ту забытую лёгкость в себе и во всём, а что-то вроде беззаботности. Да-да: и беззаботности, самого пугающей. Я его однажды даже принялся успокаивать, говоря, что мне это тоже теперь знакомо, только я называю это уверенностью. Уверенностью, как ни странно, во всём: и в том, для чего имеются какие-то основания, и в том, для чего оснований никаких и что выглядело бы в другое время безнадёжностью.

Более того, по ходу войны он встретил сразу несколько счастливых пар, чего уж совсем не ожидал. Он набрасывался на них с жадностью, которая заключалась в том, что смотрел на них во все глаза и заговаривал с одной целью: понять, как же так вышло, что люди нашли друг друга.

После одной из бомбёжек он обнаружил, что не может сначала дома, а потом и на работе и в общественных местах говорить по-русски. К нему вернулся украинский язык, да так естественно, что сам это заметил только по прошествии некоторого времени.

Я не сразу решаюсь, но в конце концов задаю ему один важный для меня вопрос.

Возникло ли бы в нем это чувство к Украине, если бы она была не обижена посторонней силой, да ещё так подло и зверски, а сама вдруг стала чьей-то обидчицей, хотя этим тоже привлекла бы внимание мира — внимание, по которому так долго тосковала? Тосковала, конечно, не вся, это всегда удел и несчастье очень немногих — быть занятыми такими материями, но это другой вопрос, другая задача — уже больше для ума, чем для сердца.

Можно сказать только, что подобных людей и сейчас вряд ли больше, чем всегда и везде, особенно тех, что готовы возненавидеть всех на Земле, если иначе им не будет ниспослана любовь к Украине. Они напоминают о себе каждый день, и тем громче, что очень мало кто их даже слышит, не говоря о том, чтобы прислушиваться к ним.

— Ну вот скажет вам, Михаил Степанович, Господь: твою любовь к твоей Украине санкционирую только в том случае, если ты возненавидишь все другие страны и народы. Что бы с вами было? Ваш ответ.

— Господь такой, думаешь, дурень?

— Ну, допустим.

— Не желаю даже допускать.

— Ладно. А если бы это вам сказал дьявол, который на этот момент явился вам в маске Бога, а вы бы поверили, что он и есть самый настоящий Бог? Ваш Бог.

— Да не поверил бы я, что он Бог! Что ты меня всё подлавливаешь так и эдак? Нечего тебе делать. Не такие меня в жизни пытались подловить. Я пятнадцать лет следаком был, пока не износился досрочно. Много ты знаешь таких следаков, чтобы так изнашивались, как я?

В настоящее время он бригадир дорожных рабочих, уверяет, что его бригада не имела отношения к ликвидации ни большой воронки возле музея, ни огромной — на Армейской (бывшей Красноармейской). Обе заделаны более-менее, хотя под моим бригадирством было бы по крайней мере удовлетворительно. Человек опытный, он по моим вопросам без труда догадывается о моей уверенности, что я всё на свете делал бы лучше, чем оно делается.

3 июля. Её мгновение

— Странное дело, Анна Петровна! Посмотришь на пожилых современниц — такие они все благообразные, одним видом своим призывают всех и каждого к целомудрию, в учреждения культуры, в музеи и библиотеки для повышения уровня — и удивляешься: откуда же в дни вашей молодости, почтенные, было вокруг столько блядей?

Ей немного за 80, средней полноты, причёсанная, надушенная, в руке с отставленным мизинцем — стаканчик кофе. Разговор на тротуаре, в крошечном скверике перед входом в кондитерскую. Ярко-рубиновые ногти не бросаются в глаза, но и не остаются совсем не замечаемыми.

— Я понимаю ваше удивление, Анатолий Иванович, хотя вы и шутите. Сама иногда, посмотрев вокруг, удивляюсь. Не знают удержу! Взять хоть и мою внучку — пробы ставить негде! Вы, конечно, не поверите, да мне и самой не очень верится, но во время первого замужества я года три, а то и все четыре — никак не меньше! — своему мужу практически не изменяла. Вышла за него — и завязала. Да, практически не изменяла. Так, раза три на автомате, когда уже совсем неудобно было отказать человеку, не получалось.

Всю жизнь она проработала в харьковских музеях, за своей подписью напечатала десятка три работ по истории края и сотни две статей — за подписями быстро менявшихся директоров.

Не сразу обратил внимание на её чёрный платок, спущенный на плечи перед употреблением кофе. Шла из церкви, где поставила свечу — время от времени делает это с мая. В мае под Бахмутом погиб её внук. Он был старшим солдатом, успел похвалиться по телефону этим недавним повышением в звании, посмеивался, твёрдо был настроен, если ничто не помешает, подняться в конце концов до сержанта.

Глядя на её платок, слушая её мимолётное воспоминание, я думал, как хорошо, что напишу об этом не куда-нибудь в газету, а на свою ФБ-страницу, в собственную, то есть, стенгазету, если кто знает, что означало когда-то это слово. Ни рядовая редакторша, ни сам главный редактор не скажут мне, что так всё же нельзя, Анатолий Иванович — надо, мол, предвидеть и уважать читательские чувства, да просто требования такта, вкуса. Ну как это будет выглядеть на газетной странице, подумайте сами! Не успел автор закончить про её былой автоматизм — и на тебе: чёрный платок, свеча в церкви, только что погибший на войне внук. И эти ярко-рубиновые ногти на старческой руке, ещё, правда, удерживающей чашечку кофе на тротуаре перед кондитерской!

Наверное, они были бы правы. И читателя, и всё, что положено, надо уважать, да и так знать меру всему, за что берёшься.

Только сказать бы это Господу...

Ну вот смотри, Творец ты наш всего видимого и невидимого. Смотри! Ты дал своему подобию каких-то 80 лет жизни, и то далеко-далеко не каждому. Сам вечен, а ему — жалкое мгновение. И вот что Ты насовал ему в это мгновение?

Не успела она осмотреться в начавшейся жизни, как впала в свой блядский автоматизм; не успела всласть наблюдаться, как выросли внуки; и вот уже на ней чёрный платок, ярко-рубиновые ногти, в руке — стаканчик кофе, а в церкви неподалёку горит только что поставленная ею погибшему на войне старшему внуку свеча; сама же в беседе с недавним знакомым непринуждённо вспоминает свой былой автоматизм, заодно и последнего мужа, которого она, по её словам, в целом неплохо помнит. Из жизни он ушёл по своей воле, в записке было: «Труп мыть не надо. Он только что из душа. Рубашка пусть будет на нём эта. Никаких штанов натягивать не надо».

И всё это Ты — не я же, Господи, я бы не додумался — вместил в едва заметный отрезок времени, при том что этого добра у Самого неисчерпаемый запас!

9 июля. На глазах у султана

Работающие в Турции украинки-ахтырчанки рассказывают мне, являясь домой на побывку, что в тамошних городах они чувствуют себя лучше, чем, например, в Германии. Народ проще, добродушнее. И общительнее, общительнее! А терпимее немцев эти турки даже к тому, что ты на себя нацепила! Броди, толкайся, глазей на все стороны хоть голая и с головы до ног в наколках — ниоткуда не поймаешь того взгляда, какой заставит тебя всё-таки чуток сжаться в Мюнхене и тем более подальше от него.

Устраиваются они там домашними работницами, сиделками, няньками, поварихами, в общепите и тому подобное — и устраиваются легко, по крайней мере, те, которых здесь встречаю. Хватает шустрых посредниц и посредников, всё отлажено, всё спокойно, уважительно. Усваивают всё необходимое из языка.

Рассказываю об этих отзывах понимающему человеку, и мы с ним воодушевляемся, как студенты-выпускники, набредшие на удачные темы для диссертаций. Можно без всякой натяжки устроить стык чуть ли не всех наук, кроме уж безысходно точных.

Я вспоминаю своё гениальное определение того, о чём больше всего сожалел небезызвестный Константин Леонтьев: что Россия не совсем Турция, а Турция — не совсем Россия. Это было, надо учесть, задолго до Ататюрка и Ленина — до ударов, которые оба нанесли каждый по своей старине, не говоря о стране в целом.

А кое-что не самое худшее из до-капитализма, выходит, не пропало ни там, ни там, ни там: ни в Турции, ни в России, ни вот в Украине… Так, что ли? Не такой, значит, острый в этих местах планеты яд межличностного и прочего отчуждения? Того отчуждения, каким, обличая его, упивались левые трепачи в Европе и США долгие послевоенные годы, пока это не надоело им самим. Социальные критики — так себя, важничая, называли они, уверенные, что нужны заблудшему человечеству.

Уже порядком помятый жизнью современный французский социалист возликует, читая это. Вот-вот, скажет, в некоторой неспешке истории «кое-где, при каких-то обстоятельствах, при наличии известных компенсаторных механизмов», стало быть, есть что-то не совсем плохое? Говоря просто, чистоган ещё не закончил своей работы над тамошним человеческим материалом? Или ещё проще: деньги не окончательно всех испортили?

Украинский единоверец этого француза отнесёт сказанное и к своим соплеменницам, с таким удовольствием, хотя и не навсегда, осваивающим Турцию.

Святый Боже! Аллах всемогущий! Вы оба сами-то ожидали этого всего тогда, когда вашим обоюдным попущением из Украины в Турцию угоняли тучи женского, отдельно — девичьего, ясыра, не говоря о мужском, а казаки старались по возможности их отбивать (бывало, выкупать) и не медлить с ответками?

И так 400 (четыреста) лет.

«В 1604 году запорожские казаки разрушили турецкую крепость Перекоп, ещё через два года напали на крепости Акерман, Кирил, Измаил. В 1614 году запорожцы организовали и блестяще провели морские десанты на Трапезунд и Синоп и захватили их. Затем появились под Стамбулом, сожгли портовые причалы на глазах у султана и его двора».

Однажды казаки отбили общину давно угнанных соплеменников, уже обжившихся в турецком краю. Стали сопровождать её на родину. Прошли половину или сколько-то пути. Плачут дети, ноют женщины, вздыхают мужчины. Остановились: «Ну куда мы пойдём? Опять на новое место, опять мучиться? Вернёмся туда, где уже привыкли». — «Твёрдо решили?» — спросил атаман, знаменитый Сірко, кажется. «Да твёрдо, батьку, ты нас пойми». — «Ну идите». Когда они уже почти скрылись за горизонтом, он позвал молодых казаков: «Догнать. Кончить всех».

Занесено в писаную историю казачества.

Ахтырка, в которой это сейчас выстукиваю, по-татарски будет Белый Яр. В нём и вокруг него располагался юрт со стадами. Мимо протекает Ворскла.

Куда отдвинем строй твердынь?
За Буг, до Ворсклы, до Лимана?

За кем останется Волынь?
За кем наследие Богдана?
Признав мятежные права,
От нас отторгнется ль Литва?
Наш Киев дряхлый, златоглавый,
Сей пращур русских городов,
Сроднит ли с буйною Варшавой
Святыню всех своих гробов?

10 июля. Украина

— Ты не командуй, — резко остановившись и вытянувшись, сказала девочка лет пяти мальчику на голову выше.

Маленькая даже для своего возраста, худенькая, она так это сказала, что я не просто остановился, а остолбенел: так спокойно, холодно, веско и так по-взрослому.

Может быть, она однажды услышала, как это сказала — и больше не повторяла — мать отцу.

Я подумал, как хорошо, что не мне придётся быть учителем в том первом классе, куда её приведут, а скорее всего придёт сама. От меня потребовались бы не одни лишь соответствующие знания и навыки, а столько педагогического таланта и любви, любви, что не знаю, как бы я управился без ущерба для этого человека.

— Я не командую, — сказал мальчик и отошёл, а она продолжила свои прыжки с выкрутасами.

Вы правильно угадали мою вторую, а может, и первую мысль: это Украина, подумал я.

На очередной гул сирен воздушной тревоги не обратили ни малейшего внимания ни девочка, ни мальчик, ни я.

18 июля. Женщина с рюкзачком

Эта женщина почти всю жизнь прожила в России, поднялась там не так высоко, чтобы её знала вся страна, но полсотни миллионов долларов в переводе на деньги её состояние превышает вполне уверенно, и оградила она его по ходу войны, как думает, достаточно надёжно.

Теперь она в Украине, работает на войну и возвращаться в Россию не собирается, чем бы всё ни закончилось для неё лично. Что для Украины всё может закончиться лучше, чем для неё, она легко допускает.

— Знаете, что меня утешает, когда я смотрю на то, что у нас в армии, на передовой и в тылу? В тылу даже важнее, чем на передовой. Я говорю про армейский тыл, не про общий. На передовой, кстати, когда бываю, то обращаю внимание на наших женщин. Кое-что понятнее даже не по их словам, а по ним самим. Плохого, слабого у нас много, но чуть-чуть меньше, чем у русских.

Я вскидываюсь, потому что это моё давнее слово для разницы между Украиной и Россией: чуть-чуть.

— Да, у русских плохого, слабого чуть-чуть больше. Тут мне ваше мнение не нужно. Я это точно знаю. Мы такие, какие мы есть, и они такие, какие они есть. Нашему «есть» — быть, ихнему «есть» — не быть.

Мне интересно, как на неё смотрят те женщины, которые были её окружением в Москве до войны, да и те, которых она знала в Украине: встречалась с ними по делам и по разным тусовкам, что, в общем, тоже дело. А также и те, что знали её до того, как она начала выбиваться из положения обычного инженера-производственника. Выбивалась, надо сказать, весьма споро — такое было время.

— Да обычно смотрят. Одни не верят тому, что видят. Думают, что за мною кто-то стоит, обязательно мужик, и не один, и всё, что делаю, скрыто так, что и сама не всё вижу. Не могут представить, что я сама по себе, что за мною нет никакой не моей силы. А которые всё-таки допускают, что я вся на виду, считают, что это я с жиру.

Меня она заподозрила было в том, что я держу её чуть ли не за героиню, заново родившуюся дщерь Украины — бла-

бла-бла. Была довольна, когда я без обиняков изложил своё понимание её жизненного поворота.

— Вы сказали главное, Анатолий Иванович. Амбиция, азарт. Только не амбиция, а потеря амбиции. Не азарт, а потеря азарта. Это и произошло в Москве. Я же бизнесвумен. Моя жизнь — работающий нюх на прибыль и прикидка рисков. Делать деньги мне должно быть интересно. Если пропадает интерес, то пропадает всё. Из жизни уходит всё — даже мужики. Мои так называемые подруги знают. Если меня перестаёт интересовать ваш брат, дело со мной по-настоящему плохо. Значит, наступил полный упадок всех сил. Душевных в первую очередь. И такой упадок, что ужас. Петля просится на шею! Когда началась война, у меня пропал интерес к моему бизнесу в России, вообще к жизни там. Это хуже, чем скучно. Это некуда себя деть. А когда некуда себя деть, тогда такой человек, как я, девает себя в петлю.

Я говорю, что это похоже на то, как описывают своё состояние некоторые большие художники, поэты, в частности. Если не идёт строка, не шевелится кисть, человеку хочется удавиться — бывает, что так и поступают.

— То есть вернулись вы в Украину для самосохранения? Чтобы протянуть на этом свете ещё какое-то время.

— Да-да-да! И родной язык вернулся вместе со мною.

Человек большого дела, крупного успеха, высокого положения, которым обязан больше себе, чем случаю, вводит вас в заблуждение своей кажущейся обыкновенностью. Ну вот вроде ничем она не отличается от тех, кого встречаешь каждый день за прилавками, на базаре, в поликлинике, в своём подъезде: немного за полсотни лет, среднего роста и веса, причёска представляет собою умеренно рыжую, молодящую чёлку, лёгкий рюкзачок за спиной…

Да, рюкзачок. Вспоминаю тот, с которым за своей спиной перешагивала через какой-то заборчик Ульяна Супрун, тогда новоназначенный министр здравоохранения Украины, и попала в таком виде на экраны. «Ну какой она министр? — говорил мне не совсем шутя один сельский доктор. — Бегает с рюкзачком, сигает с ним через заборы туда, куда её не хотят пустить». Вскоре выяснилось: не берёт взяток, ударила по рукам первых больших воротил фармацевтики, да так, что некоторые лекарства подешевели чуть ли не в десяток раз.

С Ульяной я не знаком, а эта женщина с рюкзачком кажется мне другом чуть ли не с детства, хотя заочно знаю её несколько месяцев, а очно — несколько дней.

Она бывает за границей, заглядывает в круг заметных понауехавших москвичей, не раз предлагала им такие способы участия в войне на стороне Украины, которые не слабее чисто военных, раз уж людям не хочется брать в руки оружие. Да они и сами знают эти способы, но предпочитают сражаться словесно.

— И ещё делают нашим замечания, — смеётся она.

Год назад мне казалось, что украинцам, даже генералам, следовало бы похваливать русские «белые польта», имея в виду, что с худой овцы хоть шерсти клок. Потом я понял, что такая политика не нашла бы положительного отклика в личном составе.

Ей забавно читать и слушать, о чём «белые польта» охотнее всего говорят и между собой, и на публику, о чём спорят, за что обижаются друг на друга. Люди обсуждают не то, как приблизить поражение путинизма на всех фронтах, и прежде всего — на украинском, а как обустроить Россию после путинизма! Да, как обустроить Россию после того, как всё кончится таким образом, что они окажутся опять дома.

— Как это можно оценить, Галя?

— Да никак. Махнуть рукой.

Что она и делает очень выразительно.

— Что ж, — говорю, — это тоже оценка.

20 июля. Что, кроме слова?

Старый, отсидевший своё правозащитник говорил мне, что уж кто-кто, а он со своими думающими товарищами по борьбе понимали: мы валяем дурака громогласным требованием к советской власти вроде «соблюдайте собственные законы, в том числе и в обращении с нами, вашими критиками».

Это было в Москве, в день похорон академика Андрея Сахарова, возле станции метро «Фрунзенская», в очереди к покойному.

«Очень это остроумно вы придумали», — отвечала им власть и продолжала преследования не по законам, пусть и сто раз своим, а по обстоятельствам, руководствуясь тем, что испокон советских веков называлось политической целесообразностью.

Отрицая политическое начало в связанной с инакомыслием деятельности, советские диссиденты отдавали себе отчёт: в стране нет ни одного человека, которому не было бы ясно, что целят они не во что-нибудь, а в общественно-политический строй, в «развитой социализм», ни дна ему, ни покрышки!

Это валяние дурака не было таким уж безобидным. Отрекаться от своей политической ипостаси, её сознавая, — это одно, и совсем другое — открыто объявлять себя подрывателями устоев. Это «другое» подразумевало бы и совершенно другие «мероприятия», которые пришлось бы готовить и записывать на свой счёт.

Чистосердечный правозащитник защищал прежде всего правозащитника в самом себе. Для себя совершал свой подвиг. Делай, что должно, а что из этого получится, на то воля Божья. Сколько веков этому обоснованию? Только вопрос: обоснованию чего в данном случае? Если уклонения от борьбы за власть, то есть неприкрыто политического поведения, то много ли толку в таком самообуздании?

Когда сегодня молодая, измученная сомнениями и тягостными раздумьями о судьбах своей родины правозащитница спрашивает себя, что было бы, если бы в России вдруг перестали преследовать людей за несогласие с Кремлём, а всё прочее оставили бы в прежнем виде — ТВ, цензуру, самовластье местных правителей, — она знает, что постепенно протест набирал бы силу. «Но сколько бы это длилось? — уже умудрённая не только своим опытом, спрашивает она. — Что нужно делать тому, кто решил, что каток даже не замедлится, хоть убейся?»

Тот старик знал теоретический ответ. Перестать считать правозащиту своим главным, всепоглощающим делом и, не бросая его совсем, обратиться к другим методам. И каким же? Идти, как это уже практиковалось при царе, в народ? Зная, что тебя остановят в километре от первой же заводской проходной или рабочей общаги?

И всё равно: того, кто сегодня относит эти давние вопросы к себе, время, кажется, принуждает несколько по-иному взглянуть на полную картину уже не только правозащитного, а всего отечественного протестного движения в обозримом прошлом. Было ли оно такой уж существенной помехой России на её пути к нынешнему положению? Сколько там было и остаётся благородного, героического самообмана?

С царских времён многие подвиги неблагонадёжности в России часто совершают люди с даром слова. Эти подвиги готовились, сопровождались, оформлялись не как-нибудь, а литературно. Без словесности обходилось мало что, пока за дело не взялись народовольцы.

Перья всякого рода сделали очень много для общего представления о протестном движении читающего класса как чуть ли не о решающем обстоятельстве в русской истории последних веков. Теперь хочется сказать: для возвышения слова сделано было много, но не чересчур ли? Агитировали-то главным образом друг друга. Декабристы разбудили Александра Герцена — это да, но словами ли в первую очередь?

Как досоветская, а потом и советская печать, журнальная критика представляли читателю писательские новинки?

Как подавалась история литературы в советское время? На что в произведениях классиков обращалось сугубое внимание? О чём писались огромные предисловия и послесловия к их книгам? Скрупулёзно разбирали вольный и невольный вклад каждого в освободительное движение, в упразднение самодержавия, прекращение эксплуатации человека человеком, в коренное изменение государственных и общественных порядков. Да, словесный вклад — какой же ещё?

Этот подход не явился ниоткуда. У Виссариона Белинского было не только Письмо, но в сердца и умы политизированных ценителей слова особенно прочно залегло именно оно, хотя читали его единицы. С этим всё больше стали считаться авторы, даже великие. Тот же Николай Гоголь собственной рукой писал, что «Мёртвыми душами» хотел обличить всё дурное, всё пошлое в окружавшей его действительности. Кто бы его читал два столетия, если бы это было действительно так?

Известному преувеличению разрушительных возможностей слова способствовала сама власть. Первой не совсем по делу всполошилась Екатерина Вторая, начитавшаяся Вольтера, наговорившаяся с Дени Дидро и в разгар этих свободолюбивых удовольствий вдруг напуганная Французской революцией. Чтобы вскричать: «Бунтовщик хуже Пугачёва!» об авторе возмутительной книжечки, прочитать которую могли несколько сот человек, глаза у страха должны были быть не велики, а огромны.

Так что не случайно, что в представлении многих россиян — известных недругов путинизма слово остаётся важнейшим из средств, способных направить ход вещей в правильную сторону.

Правда, в России уже, кажется, есть несколько человек, которые начинают в этом сомневаться, чему в самое последнее время заметно способствовало появление в Белгородской области пары повстанческих отрядов во главе с, мягко говоря, неожиданными людьми.

Читаю: «Для антипутинского/антивоенного протеста не осталось хоть сколько-то эффективных методов, не связанных с насилием». — «А что, — спрашивает отечественную историю только последних ста лет другой любознательный человек, — когда-нибудь были такие методы?» — «Допустим, что были, — отзывается третий. — И что они давали? Что они дали в сумме в конечном счёте?»

4 августа. Потерянный друг

По словам Серёги, он всё понял о русском человеке или, наоборот, перестал что-либо в нём понимать, когда его друг-москвич, узнав, что в Украине начали сносить памятники Пушкину, закричал:

— Да чем же Пушкин виноват?!

Если бы этот русский москвич был за Путина, за войну против Украины, Серёга не удивился бы: враг есть враг, он и должен смотреть на всё по-вражески. Но этот человек против Путина и против путинской войны, за свободную Россию! И при этом он возмущается, что украинцы сносят памятники Пушкину. Значит, и с ним Серёге не по пути? Враг не враг, но и не друг.

Стало ли у Серёги одним русским врагом больше — вопрос, а то, что он потерял последнего русского друга, точно. И вот очередной его вопрос:

— Что я должен был ему сказать? Не для того, чтобы повернуть его на свою сторону, нет, а для того чтобы он понял, почему он мне больше не друг.

— Мне, Серёжа, интересно вот что. Ты не знаешь, что ему сказать, но сразу почувствовал, что его крик: «Да чем же Пушкин виноват?!» — это не крик друга Украины. Ему было бы легче понять, почему ты убрал его из своих друзей, если бы памятники Пушкину сносились по решению высшей украинской власти, а ты был бы такой её верноподданный, что одобрял бы все её решения без раздумий. Но ты эту власть, мягко говоря, не очень жалуешь, а памятники Пушкину сносятся не по её команде, что и тебе, и твоему москвичу хорошо известно. Ты даже говоришь, что, будь её воля, этих памятников за то время, что «слуги народа» у руля, стало бы ещё больше.

Почему ты одобряешь снос этих памятников, ты знаешь очень хорошо: потому что Пушкин — это от России, а всего, что от России, отныне в Украине не должно быть. Или, во всяком случае, должно быть меньше, чем до войны. Твой же бывший русский друг это упускает из виду. Он просто считает, что если в Украине убирают памятники Пушкину, то это ему, Пушкину, в наказание за то, в чём он не может быть виноват. Раз памятники обычно ставят в благодарность, то, значит, и сносят их самое малое в укор. Так он понимает это дело — и ошибается.

Вот это первое, что ты мог бы ему сказать. Он ошибается, считая, что памятники Пушкину и другим русским были поставлены в Украине украинцами по их свободной воле в знак благодарности России. Ты должен был бы ему напомнить, что эти памятники ставила не Украина, а Россия. Россия также присваивала имена своих людей украинским населённым пунктам, улицам и всему, чему положено что-то присваивать. Это была политика Москвы.

Ленин называл памятники монументальной пропагандой. Пропаганда — это внушение людям веры во что-то. Пропаганда языком монументов — большое и хитрое дело. Правители народов догадались об этом давным-давно. Вот и Ленин, едва придя к власти, принялся расставлять памятники угодным ему героям и деятелям по всему пространству бывшей Российской империи.

Так он хотел привлечь внимание населения не столько к заслугам этих деятелей, сколько к их вере. Вера эта сводилась к тому, что богач — человек плохой, а бедный — хороший и вся власть должна быть у него, ибо тогда он сделает всех равными, устроив жизнь без частной собственности. Так, кстати, считал и Лев Толстой.

Уже 2 августа 1918 года в Москве был обнародован список первых кандидатов на пьедесталы. В нём было 66 фамилий. Среди революционеров и разных деятелей всех времён и народов были Спартак и, естественно, Маркс с Энгельсом, Робеспьер и Степан Разин; среди писателей и поэтов — Толстой с Достоевским, Салтыков-Щедрин и, между прочим, Тарас Шевченко — единственный из нерусских в списке из двадцати фамилий. Список философов и учёных состоял всего из трёх фамилий: Сковорода, Ломоносов, Менделеев.

Преемники Ленина расширили его список и страшно уточнили весь смысл монументальной пропаганды. Ленинцы внушали людям чувство равенства и братства со всеми народами Земли, которым надо помочь избавиться от богачей, а послеленинцам стало важнее другое: возвысить Россию и всё русское в глазах каждого нерусского советского человека.

Насаждением бесчисленных памятников русским людям в Украине и в остальных нерусских землях Советского Союза Москва добивалась, чтобы образ России, всего русского был перед глазами всех и каждого днём и ночью. И затмевал бы всё родное, национальное. Так это подразумевалось, так это и понимали все.

Пришёл час — и украинцы решили, что пора этот перекос устранить.

Ленин взялся за монументальную пропаганду в самый разгар борьбы за власть, при первом, ещё очень неверном успехе. В Украине же было иначе. Памятники, говорящие что-либо о России, стали убирать только через три десятилетия после провозглашения независимости, но в точности в тот час, когда стало ясно, что освобождение наконец состоялось, что называется, по-настоящему — в боях, с пролитием крови. И не раньше, чем признали своё поражение те люди в Украине, которые дорожили родством с Россией. Эта часть украинского населения сникла под ударами России по Украине и ответными ударами Украины — и поставленные Россией памятники тут же полетели вниз. Они полетели вниз в тот момент — и ни минутой раньше, — когда стало ясно, что ни одна душа не выйдет их защищать.

Твой москвич, Серёжа, раз он против путинизма, ещё может к тебе подобреть, а ты — к нему. Не только ему — многим русским трудно сознавать, что эти памятники в Украине ставила не Украина, а её руками — Москва. Конечно, обозвать его имперцем — первое, что приходит в голову. Не знаю, есть ли в его отношении к Украине что-то истинно имперское. Имперское — значит, отрицающее Украину как государство.

Империя — это большая страна, в которой под властью одной столицы живут, не всегда легко уживаясь, разные народы. Имперец — это человек, которому дорого прежде всего то, что это большая страна. Русский имперец — это человек, который счастлив, что в этой стране на заглавном месте его народ. В таком человеке имперство сочетается с национальной гордостью, которую бывает трудно отличить от спеси.

Таков ли твой бывший друг? Я не удивлюсь, если он не имперец, а огорчённый русский националист. Он не против того, чтобы Украина продолжала быть отдельным от России государством, но ему обидно, что ты и твои соплеменники так ополчились на всё русское. Он может даже понимать умом, в чём тут дело, но понимать умом можно всё, а чувствовать сердцем — что-то одно…

6 августа. Из одного материала

— Почему я голосовал за Порошенко, а моя жена за него не голосовала? Она считает этот вопрос пустым, а я шатаюсь. Второй вопрос. Я за Украину всей душой, но вышиванку носить напоказ не люблю, а мой тесть за это готов меня убить. Почему? Ты уже усмехаешься…

— По первому вопросу, Сергей, у меня полная ясность, потому что я тебя знаю. Ты недостаточно обидчив, завистлив и легковерен, чтобы голосовать против Порошенко или против кого-то вроде него — дело не в фамилии. Поэтому мне и не скучно с тобой общаться. Таких, как ты, среди украинских избирателей примерно 20 процентов. Это много. Это очень много! Я не ожидал, что вас наберётся столько.

Есть мнение, что дело в вашем здравомыслии. Я с этим не согласен. Мои наблюдения это не подтверждают. Дело тут не в уме, не в рассудке, не в образовании, не в возрасте и поле, а в натуре человека. Меньше, чем остальных, терзает вас то, что они, остальные, называют несправедливостью. Несправедливым, неправильным они считают всё вокруг себя. Всё! А вы — не всё. Вы склонны видеть в жизни чуть-чуть больше хорошего, правильного, чем они.

Вы добродушнее.

Вы не такие ранимые, как они. Им нравится это слово о них: ранимые. Но мы-то с тобой знаем, что в их случае «ранимые» означает обидчивые, завистливые и легковерные. Чтобы понять о них главное, мне было достаточно прислушаться, какими словами они отзывались и продолжают отзываться о Порошенко. Главное их слово — «барыга». Мне больше ничего не надо. О нём это слово в их устах мне не говорит ровным счётом ничего, а о них оно мне говорит всё.

Дело, повторяю, не в том, что Порошенко — это Порошенко. Если бы он был не Порошенко, а Петренко, но о нём целый год изо всех утюгов звучало, что он барыга, они голосовали бы против него с полной уверенностью, что он барыга и есть, и такой, каких свет не видывал. Почему? Потому что они бессознательно ждали, что о ком-то это будет громко сказано и миллион раз на все лады повторено в течение года, и они на нём всласть потопчутся, чтобы показать себе, какие они чувствительные к сплошной неправде жизни, как гневаются, что всё кругом делается не так, как надо, какие они поборники справедливости.

Вот, собственно, и всё по твоему первому вопросу, и пусть твоя жена на меня не обижается. Она ведь не виновата, что родилась такой — врагиней Петра Порошенко. Это не вина её и не беда. А вот то, что таких, как она, набралось под 80 процентов, это беда — и беда общая, беда всей Украины.

Второй твой вопрос — о, это большой вопрос! Почему одному важно быть украинцем, а другому — всё равно кем, что и выражает он словами «какая разница»? Это важнейшее из выражений, звучавших в Украине до войны. Можно сказать, что оно и подтолкнуло Россию к нападению на Украину. Толкнуло её к нападению желание восстановиться в советских границах, а подтолкнуло наличие в Украине людей со словами «какая разница?» на устах.

Почему, далее, одному достаточно быть просто украинцем, как тебе, а другому, как твоему тестю, хочется быть очень-очень украинцем? Почему в той же России одному достаточно быть просто русским, а другому хочется быть очень-очень русским? Так и в Германии, и во Франции, и в Грузии, и в любой другой стране. Одному достаточно быть просто немцем, французом, грузином, а другому хочется быть очень-очень немцем, очень-очень французом, очень-очень грузином.

Тут тоже всё дело в природе. Что ни возьми, всюду она со своими проделками! «Всэ прыродою дiеця», — говорила моя мать-колхозница, закончившая два класса и третий коридор (это её выражение тоже люблю повторять). Иному человеку по его природе мало быть просто довольным собой. Ему важно быть очень-очень довольным собой. Ему хочется самому себе показывать свою особу такой, чтобы окружающим оставалось только пасть перед ним на колени от нахлынувших чувств. Один просто живёт, а другой живёт, рисуясь, прежде всего перед самим собой.

Считается, что любовь к отечеству, к родному краю, к родному языку и ко всему, что с ним связано, возвышает человека, облагораживает его. Это так, да не всегда, это так, да не совсем так, и даже бывает, что совсем не так, но чтобы переть против общего мнения на сей счёт, тоже надо быть личностью особой породы.

Два чувства дивно близки нам —
В них обретает сердце пищу:
Любовь к родному пепелищу,
Любовь к отеческим гробам.
Животворящая святыня!
Земля была б без них мертва.

Это — Пушкин, тот самый Пушкин, который чуть ли не в те же дни писал другу, что если бы царь выпустил его за границу, то его, Пушкина, и духу не осталось бы вблизи отеческих гробов... И восклицал, что угораздило же его родиться с душою и талантом в этой проклятой местности. И в обоих случаях он был совершенно искренним молодым человеком. Совершенно искренним! Но в первом случае — когда сочинял, да так и не закончил это стихотворение — он был поэтом, а во втором случае — обыкновенным здравым человеком, которому осточертело жить в стране, где сверху донизу — все рабы.

Так вот, твой тесть, который не снимает вышиванку ни днём, ни ночью, ни дома, ни на людях, а тебя готов убить за то, что ты одеваешься не совсем по-украински, то есть не по-старинному, не по-народному, — он ведёт себя как поэт. Они все поэтки и поэты — те, что желают выглядеть, прежде всего в своих глазах, не просто украинками и украинцами, а очень-очень украинками и очень-очень украинцами. И пока они не покушаются на твою жизнь за то, что ты более спокойный, более скучный, не такой броский украинец, как они, — пущай. Ну а станут покушаться, ты, я думаю, сумеешь себя защитить.

Если же они ещё и делают что-то для Украины кроме того, что показывают себе и миру, как они её любят, тогда им вся честь и полная хвала. К сожалению, я всю жизнь сталкиваюсь с людьми, которые не хотят или не умеют ничего делать, кроме как любить Украину.

«Ну, что ты делал при жизни?» — спросят такого на небе. «Любил Украину!» — ответит он с полным сознанием своей заслуги. «А ещё что?» — спросят его. «Я же сказал: любил

Украину. Разве этого мало?» — ответит он и без приглашения направится в рай, уверенный, что как раз туда ему дорога.

А на тропе той, Серёга, столпотворение! Там и очень-очень русский, который тоже всю жизнь ни черта не делал, только любил свою Русь-матушку, а в рай прётся после лагеря, где отбыл третий срок за пьяное убийство — таких, её любящих, по лагерям особенно много, больше их только в матушкином генштабе. Там, на той тропе, и очень-очень польский поляк, и очень-очень венгерский венгр, и очень-очень татарский татарин, и очень-очень чеченский чеченец...

Туда, кстати, затесался и один мой однокурсник по Ахтырскому педучилищу — посылает мне оттуда очень-очень украинское проклятие за то, что я ставлю на ту тропу всех без разбора: и тех, кто из наций-угнетателей, и тех, кто из угнетённых, злонамеренно делая вид, что не держу в голове единственный правильный пункт из Ленина, учившего, да так и не доучившего своих видеть разницу между национализмом угнетателей и национализмом угнетённых.

Я-то, Серёжа, эту разницу, может быть, иногда и прозреваю, а вот природа — она, понимаешь ли, слепа, зараза. Она их, ну которые очень-очень, изготавливает из одного материала, после чего одни неизвестно почему оказываются среди угнетателей, другие — среди угнетённых.

24 августа. Из последствий

Человек ещё не старый, образованный западник и неподдельный украинец по саморекомендации, он так презирал тех своих шумных соплеменников, которые ничего не умеют, кроме как любить Украину, что мне иногда приходилось его успокаивать. Я предлагал ему философский подход ко всему и вся, и в частности — к таким вот исторически объяснимым особенностям национальной жизни.

Последний раз это было перед самой войной.

— Никакая ваша философия мне уже не поможет, Анатолий Иванович, — сказал он. — Всё у меня уже решено. Если дойдёт до дела, я буду с русской частью украинского спектра. Да хоть с китайской, лишь бы не с этими — так они меня достали своим слюноотделением, с одной стороны, и соплями — с другой.

Говоря «до дела», он имел в виду возможный заметный прилив этого человеческого материала во власть. Особо он упирал на их бездарность во всём, за что ни возьмутся.

— Что «слуги народа», что эти.

В первые же часы войны он перешёл на украинский язык даже в домашнем обиходе — и жена это приняла как нечто само собой разумеющееся, они не перекинулись по этому поводу и парой слов — и стал поборником на сей раз подлинного освобождения Украины. Главное же — включился в ту деятельность, которую до этого отдавал на откуп «ну вот тем самым».

Таких, как он, не очень много. Пополнения из русскоязычной части уже, наверное, не будет, поскольку все из неё, кто захотел, уже в том лагере, где и он. Рост рядов продолжится в основном за счёт подрастающего поколения. Не так много этих новообращённых, но их уже хватило, чтобы контингент не умеющих ничего делать, кроме как любить Украину, стал отодвигаться куда-то в сторону и даже в зад — пишу раздельно не по ошибке, а намеренно.

Таково одно из наглядных последствий нападения России на Украину. Если «процесс пойдёт» и дальше, а не будет остановлен, точнее, прерван неизвестно чем, то едва ли не «вся власть» может наконец оказаться в руках людей украиноязычных, но не упивающихся своим украинством и умеющих что-то делать. Хорошо, кстати, если упивающихся они будут поминать всё же не злым словом. Дело украинизации, за которое те в своё время, спасибо им, взялись со всем хуторянским пылом, было ведь особым: его не считали серьёзным, а значит, и подходящим для себя такие практичные люди, как этот мой знакомый преуспевающий айтишник.

«Процесс пойдёт» я взял в кавычки, чтобы отослать читателя к одному высказыванию Михаила Горбачёва, сразу оказавшемуся на устах и его сторонников, и противников, точнее, ненавистников, поскольку противников у него не было — только они, ненавистники из самых советских. «Процесс пошёл», — сказал он о первых признаках оживления «народных масс» в ответ на его наивное, но великое решение придать социализму в СССР «человеческое лицо». Это я — к сведению молодых и сравнительно молодых читателей.

31 августа. В одном кружке

По средам у Степана Акимовича собирается его кружок женской молодёжи — две воспитательницы детского сада, провизорша, медсестра и тренерша-гимнастка, не считая тех, кого они иногда приводят в качестве эпизодических. Все замужние, у троих по двое малолетних детей, у двоих по одному. Приносят ему что-нибудь съестное, чтобы не отощал до следующей встречи, накрывают чайный стол и сидят часа два, слушая его рассказы.

Ему немного за шестьдесят, он носитель (и единоличный создатель) самой красивой бороды в городе. В глаза первым делом бросаются белые, тщательнейше выбритые щёки, потом уже сама борода — чёрная лопата с лёгкой проседью.

Он называет свои рассказы литературными беседами, но чаще это никакие не беседы, а его застольные, под чаёк, без чего-либо крепче, выступления с историями из жизни знаменитых людей.

Он рассказывает им, например, про Вирджинию Вулф — что она не умела даже заварить себе чаю, говорила: «Я не мужчина и не женщина», но больше всё-таки была лесбиянка, и такая, что до дрожи не терпела ничего плотского с мужчинами, и это уважил — и уважал до самой её смерти — женившийся на ней чувак, и они прекрасно ладили два десятка лет, нисколько не мешая отношениям: его — с мужским полом, её — с женским, пока она однажды не загрузила карманы своего платьица камнями и не вошла с ними в реку, к большому огорчению своей последней, особенно любимой подруги, а также тысяч читателей её, Вирджинии Вулф, знаменитых романов, в самом известном из которых описан всего один день некоей «Миссис Деллоуэй» — через пять лет после «Улисса», в котором Джойс описал тоже один день ничем не примечательного мужчины. Степан Акимович достаёт с полки её том и читает особенно трогательные, на его вкус, места, вытирая слезящиеся глаза.

Или про Голду Меир — что Голда значит «золотая», а Меир — «озаряющая», что у неё в Израиле было прозвище Голда-Матрац, это в связи с её исключительно свободными отношениями с мужским полом. Степан Акимович рассказывает это, добавляя от себя, что такое прозвище могла придумать и пустить в еврейский народ какая-нибудь её тайная завистница из числа подруг по борьбе сначала за создание Израиля, потом за его спасение. Легко ли было, мол, удержаться от зависти, зная, что среди отобранных не ею, завистницей, на свой матрац, а этой Голдой — себе на свой наличествует сам Бен Гурион, а с ним и до него Залман Шазар... и Давид Ремез, и Генри Ментор, и Берт Кацнельсон с Залманом Арани...

Или про Тараса Шевченко — что свои хрестоматийные «Долю», «Музу» и «Славу» он написал в один утренний присест, «без малейшего усилия», после «беспутно проведённой ночи» в одном из тех заведений, которые называл приютами. В одном из них, в «приюте мадам Гильде», однажды украли у него, «добре помогорычившего», 125 рублей — немалые по тем временам деньги. Он получил их вперёд за портреты, заказанные ему тремя небедными горожанами. «И поделом, вперёд не бери незаработанных денег», пишет в Дневнике. Три дня переживал, «с досады чуть опять не нализался», потом опять пошёл «к той же коварной мадам Гильде (какое христианское незлобие!), отдохнул немного в её очаровательном семействе и в семь часов вечера пошёл к князю Голицыну», где читал свои стихи.

Заканчивает Степан Акимович эту историйку чтением тех самых «Доли», «Музы» и «Славы»; читает их, как и в большинстве случаев, наизусть и вытирая слезящиеся глаза.

> Доля
> Ми не лукавили з тобою,
> Ми просто йшли; у нас нема
> Зерна неправди за собою.

> Муза
> I ти, пречистая, святая,
> Ти, сестро Феба молодая!
> Мене ти в пелену взяла
> I геть у поле однесла...

> Слава
> А ти, задрипанко, шинкарко,
> Перекупко п'яна!
> Де ти в ката забарилась
> З своїми лучами?

Или про Анну Ахматову, она же Горенко — что один из её пяти мужей — кажется, первый — пытался держать её взаперти, а она, тогда ещё тростиночка, пролезала в щель под воротами и убегала, а по возвращении тот муж ей говорил с незлой укоризной: «Аннушка, иметь больше пяти любовников одновременно всё-таки, согласись, не очень как-то». В заключение Степан Акимович читает, естественно, те стихи, которые более всего подходят к данному случаю:

> Когда б вы знали, из какого сора
> Растут стихи, не ведая стыда,
> Как жёлтый одуванчик у забора,
> Как лопухи и лебеда.

Или про Марлен Дитрих — как любил её Ремарк и дразнил из ревности бесчисленными связями с другими женщинами, а на неё это никак не действовало, потому что он для неё был только одним из, а номером один был Жан Габен, который взял да и женился на натурщице, с которой прожил 25 лет, а она, то есть Марлен Дитрих, так и не убрала его портрет «Жанно» из своей гостиной, где он висел рядом с портретом де Голля... да, не убрала портрет и написала, когда Жанно умер, что «овдовела второй раз».

Или про Чехова — что он иногда практиковал групповухи, к участию в которых допускал, естественно, только юных дам уровня Щепкиной-Куперник, которую выделял прозвищем Кувырок — маленькая была, юркая, изобретательная. В 1914 году её, уже толстенькую, 40-летнюю, изобразил Репин... Далее — про жизнь Чехова в Крыму, в том Крыму, о котором Антон Павлович писал в Петербург, что там даже «е...ать некого». Такой, стало быть, неинтересный для него был в то время крымский женский пол... знать бы, какой он там сейчас, заключает Степан Акимович, и глаза его слезятся от сочувствия Антону Павловичу, молодому, ещё сильному, но уже обречённо больному: там и туберкулёз, и чудовищный врождённый геморрой...

Тот случай в приюте мадам Гильде — моё любимое из Тарасовых приключений. Где-то уже, кажется, писал о нём. Да и кто только не писал, в том числе очень недобро, то есть глупо! Само-то по себе приключение не очень весёлое, но то, какой вывод он из него сделал — не брать вперёд незаработанных денег, и не стал держать зла на тружениц приюта, ещё и улыбнулся над собой: «какое христианское незлобие!» — это мне в своё время понравилось так, что когда теперь обнаружил, что и Степан Акимович того же мнения, то в лепшие друзья записал его без раздумий.

Правда, когда он дошёл до Кувырка, я сказал, что не мешало бы всё-таки помнить, что все эти женщины и мужчины кроме всего и прежде всего работали, да не просто работали, а вкалывали — какие это были не только таланты, а труженицы и труженики — как выкладывалась на всех своих должностях Золотая Озаряющая, сколько всего написала, сколько всего перевела — от Шекспира и Мольера до Шеридана, и неплохими притом стихами! — та же Щепкина-Куперник. Верить всему в её воспоминаниях, конечно, не приходится, но то, как она преклоняется перед трудолюбием своего Антоши, показывает, что понимать в жизни главное этому Кувырку было дано...

На это Степан мне ответил, что такие рассказы не могли бы оказывать на его контингент желанного воздействия, ибо они и сами труженицы каких поискать — у каждой кроме основной работы целое сельское хозяйство, а его задача — подвигнуть их на современную, на свободную жизнь. Ведь сейчас они что? Посидели у него часа два — уходят, не прислушиваясь, включены ли по городу сирены воздушной тревоги. Уходить-то уходят, а одна обязательно остаётся. Сегодня останется одна, в следующий раз другая, а бывает, что и сразу две. Или уйдут все, а одна с дороги и вернётся... А если бы они слушали тут два часа про чьи-то трудовые подвиги, то вернулась бы хоть одна?

Сообщает об одном своём важном наблюдении последних полутора лет. С началом войны, после первых бомбёжек, первых извлечённых из-под завалов тел, его гостьи стали тщательнее следить за своим бельём.

19 сентября. Созваниваются

— Здравствуйте, Наталья! Давно вас не видел — недели полторы или две небось.

— Здрасьте и вы. Тоже давно вас не видела. С неделю, наверное.

— Как дети? Что дочь, сын?

— Да ещё живы. Дочка звонит через день, сын — через три.

— Как они?

— Я не спрашиваю. Всё равно ничего не скажут. Живы пока — и ладно.

— Где они? Где дочка?

— Не говорит. «Оно тебе нужно?»

— А сын?

— То же самое: «Оно тебе нужно?» Молчат, как партизаны.

— Дочь там замуж не вышла?

— На войне? Она вроде не в меня — не дура. Вообще, надеюсь, никогда не выйдет. Оно ей нужно?

— Забыл её звание.

— Ты забыл, а я и не знала. Не говорит. «Оно тебе нужно?» Офицер она, раз у неё высшее образование. Это как-то сказала.

— Офицер какого звания? Лейтенант? Старший лейтенант?

— Не знаю. Оно мне нужно?

— А сын?

— Рядовой — это точно. А какой рядовой, не знаю.

— Что-то получают?

— Та должны что-то получать. Если служат, то, может, и ничего, а если воюют, то что-то должно падать.

— А по сколько?

— Да откуда я знаю? Оно мне нужно? Они обо всём молчат, как партизаны, и я не пристаю.

— Скучаете? Переживаете?

— Да некогда мне скучать-переживать — вертеться надо. Комбикорма вон опять подорожали.

— А они скучают? За вас переживают?

— Да откуда я знаю? Им, что ли, делать там нечего, как о матери скучать-переживать?

— И об отце...

— Ну да, и об отце. Оно им нужно?

— Забыл: они обое добровольцы?

— Дочка — доброволец, а про сына не знаю.

— Так и не спросила за полтора года?

— А зачем? Оно мне нужно? Жив пока — и слава богу. Ранен был один раз, но, кажется, не сильно. Это дочка сказала. Они созваниваются.

— Кто кому обычно звонит? Они вам или вы — им?

— Оно тебе нужно? Я уже сказала: она — через день, он — через три.

— Перерывы бывают?

— Типун тебе на язык! Я бы с ума сошла от одного перерыва.

26 сентября. Чего не чаял

Во время войны стал заметно лучше себя чувствовать украинский язык, а с ним и всё украинское вплоть до поведения: в людных местах прибавилось учтивости, чаще звучат обращения: пан, пани.

Появились люди, особенно молодые, которые заставляют себя переходить на украинский язык. Именно заставляют — это обдуманное усилие без чьей-либо подсказки, если не считать такого подсказчика, как Россия. Человек, как я понимаю, хочет самому себе показать, на чьей стороне он в этой войне.

Такие же усилия делает над собою и народ постарше — особенно те, как я заметил, кто больше других верит в колдовство и что-то подобное, магическое. Украинский язык в их устах — это священнодействие, оно приближает желанное. Чем больше будет разлито украинства вокруг, тем быстрее, по этой вере, будет добыта победа.

Вот семья. Отец, мать, две дочери; одной, когда началась война, было 13, другой 16. Отец — инженер-строитель, у него маленький бизнес. Мать — медсестра. До конца февраля прошлого года домашним языком у них был русский. Старшая к тому времени уже выучила английский и немецкий и, особа властная, начинала склонять к тому же младшую, не такую целеустремлённую.

В конце февраля на город упали первые русские бомбы и ракеты. Уже шли бои на околицах. После той бомбардировки старшая дочь перешла на украинский язык и — особа, говорю, властная — потребовала того же от остальных членов семьи. Перед этим она не выходила из дому, так что никто не мог её на это сагитировать. С тех пор в семье не слышно русской речи. Выкинуты (к моему сожалению) все русскоязычные книги.

В свою очередь, «прыйшло до тямы» — образумилось всё русское. До 1991 года русскость в Украине вела себя по-барски. После того как распался СССР и начало оживляться украинство, она, конечно, прекратила барствовать, но стала дерзить, как бы говоря: всё равно ничего вы со мной не сделаете! С февраля прошлого года как отрезало и это. Услышав украинскую речь пациента, русскоязычный врач, медсестра, даже санитарка мгновенно берут себя в руки и переходят на украинский, так что иной, жалея их, позволяет им вернуться к русскому.

«Какими жалкими выглядят теперь все наши многолетние украинизаторские усилия!» — слышу от тех очень немногих украинцев, которые, каждый на свой лад, утруждал себя этим делом, не сулящим никакой выгоды. Именно потому, что оно скорее убыточное, я и не чаял особого успеха в обозримом будущем.

1 октября. Без грамотёшки

Мало кто сразу согласится, что именно слабое и к тому же извращённое образование первых лиц путинизма привело Россию к сегодняшнему положению. Тогда, мол, надо считать, что и Гитлер рухнул по той же причине. Нет, скажут, тут другое. Они, мол, просто переоценили свои возможности — чуваков подвёл глазомер, такое бывает. Но к этому ведь сам собою добавляется «узкий кругозор», не так ли? А что это такое, как нехватка грамотёшки, или — по-умному — дефицит знаний? Во всяком случае, как одна из причин. Даже если последняя…

Вот как они объясняют себе свою неудачу?

«В Вашингтоне ждали и хотели нашего вторжения. Россия оказалась втянута в войну со всем Западом по американо-британскому сценарию. Нас обманули, нам внушили иллюзию нашей быстрой победы!» Это — академик Глазьев, помощник Путина. Он был первым, кто это сказал. Кто станет последним, тот не знает сам.

Легковерие, таким образом, было объявлено чуть ли не достоинством. Причём достоинством кремлёвским. Ведь если вы доверчивый, то, стало быть, хороший. А если вы хороший, то должен быть кто-то плохой, который только о том и думает, как бы воспользоваться вашей «хорошестью».

Не допускают мысли, что к ним может быть приложено старинное слово «олух» в современном виде: что же вы, мол, за лохи такие, что вас провёл какой-то англосакс?

Легковерие-то было, только несколько иное. Они слишком легко поверили себе, своим представлениям, как всё устроено в мире. Видели перед собою, как им казалось, таких же, как сами: алчных и тщеславных, обо всём врущих и людям, и себе. О них, именно таких первых лицах Запада, об их бизнес- и прочих приключениях Кремлю из года в год докладывала его разведка, собственные и приглашаемые аналитики. Всё им было ясно, да и что тут может быть не совсем ясного? Всюду и всем рулят деньги — значит, так всё и можно порешать.

Им не приходило в головы, что иметь дело доведётся не с персонами — чужими по языку, но близкими по складу, — а с обществами, с цивилизацией, с этим институтом № 1 на планете — с той сущностью, которая самоё себя не до конца понимает и не всегда ценит, но в конце концов всё решает по уму. «Ваше величество! Зачем вам эта говорильня?» Последние наследники Победоносцева, ничего другого в представительной демократии они так и не разглядели.

Они думали, что всё, что говорит наука о природе тамошних понятий, о воспитательной силе демократических учреждений — не более чем разговоры. Сидящим в Кремле и на Лубянке трудно было представить, что всё это живёт самостоятельной и очень серьёзной жизнью, что это всё, когда надо, может включиться на такую мощность, что купленные ими шрёдеры сникнут до незаметности.

Не проникли, короче, в природу Запада, думая, что знают его не хуже, чем себя. Им не хватило всего того, что благотворно способствует становлению личности, — не хватило воспитания в том смысле, который вложен, например, в книгу, создавшую, как считается, современного американца. Я говорю о «Воспитании Генри Адамса». Суть этого воспитания в неприятии, в преодолении того, что другой наставник Америки, Драйзер, назвал «нулевой нравственностью» первых титанов американского бизнеса и американской же коррупции.

Пацанам оказалась кровно близкой известная мудрость: весь мир бардак, все люди бляди. Наш — русский — мир тоже, мол, бардак, наши люди тоже бляди, но они, к их чести, этого не скрывают, по крайней мере от себя. Они блядствуют открыто. То, что у пиндосов прячется внутри государства, в России идёт по его фасаду. Это прежде всего военно-полицейские функции — их, «важнейших и решающих», «традиционно не прячут, а наоборот, демонстрируют, поскольку Россией никогда не правили купцы».

Всё к тому же подчинено, мол, «основной задаче — доверительному общению и взаимодействию верховного правителя с гражданами». Именно на этом, на доверии к первому лицу, российское государство «и начинается, и держится». И здесь-де не просто отличие России от Запада, где «культивируется недоверие и критика», а её, России, сила.

Взятое в кавычки звучит сатирически, а это было то, что вошло в обиход как вполне серьёзный документ — манифест Суркова, ещё одного известного помощника Путина. Молчать уже было невозможно. Национально озабоченные люди криком кричали, что страна должна всё-таки знать, что она такое, куда ей грести и к чему причалить.

Далее пошло: профессорскими, а затем и прочими вплоть до актёрских устами стала озвучивать себя «особая цивилизация имперского типа» — одна из трёх на Земле, способная «восстановить человечество во всех его проявлениях», если предположить, что все остальные «исчезают в одно мгновение». (Вторая и третья — Китай и «пока США».) Для этого предлагалось повести наконец Россию на Восток, по ходу увеличивая её население — примерно до 350 миллионов. Брать их «с Украины, из Центральной Азии, дальнего зарубежья». Главное — не стесняться, не робеть, а хорошенько уяснить, что «география — наша судьба», что Россия в качестве «народной империи» — это «ковчег безопасности народов Евразии».

В такой обстановке не мог не возникнуть Замысел с большой буквы: создать за Уралом, «в зонах хорошего климата», пять-шесть «узлов роста», заведомо «комфортных», чтобы их охотно заполнила молодёжь. Когда Шойгу от своего имени огласил эту задумку одного из своих советников, он был назван автором единственного проекта, ради которого только и стоит «напрягать все силы общества».

Это всё сочинялось и звучало задолго до 24 февраля 2022 года. В этот день лишь стало ясно, что и планировалось. Планировалось на полном серьёзе, но без грамотёшки, которая могла бы сбить их… да хотя бы с дикой мысли об увеличении населения России до 350 миллионов, из которых 40 с лишним — украинских!

Через год Путин обновил свою концепцию внешней политики. Была наконец облечена в слова та самая русская национальная идея, которая просилась на свет все послесоветские годы. Ещё Ельцин отводил на её извлечение из народных глубин год, и не за так… Где год, там и тридцать, и поднято было то, что и тогда было перед глазами и на слуху — что называется, валялось под ногами, да всё не решались помещать его, не краснея, на знамя.

Ну и вот: «Россия самоопределилась в качестве самобытной страны-цивилизации, обширной евразийской и евро-тихо-океанской державы, оплота русского мира, одного из суверенных центров мирового развития, играющего уникальную роль в поддержании глобального баланса сил и обеспечении мирного, поступательного развития человечества».

Мы, то есть, особые, мы вообще-то лучше всех, поэтому все должны нас уважать, любить и бояться, что одно и то же. Так опять видит себя большинство, и видит смело, ибо глазами начальства. Оно, начальство, не могло не считаться с этой народной привычкой, ставшей потребностью. Чтобы откликнуться на неё, особой грамотёшки не нужно, она может только мешать. В этом по-своему мудрая природа того невежества первых лиц, которое озадачивает сегодня самого Господа Бога.

Он, наверное, тоже вспоминает учёное слово «псевдоморфоз». Очень уж наглядно несоответствие всего, что обозначено в меню, тому, что в натуре. С виду дом как дом, но жизнь в нём — жизнь подворотни. С виду почти городская страна, а по существу — сельская община, которую насильно одели во всё городское и велели жить тоже по-городскому, с понятием, что личность — всё, а любой скоп — ничто. Деваться ей некуда, и она делает вид, что так и живёт, а на Запад, откуда это всё пришло, и обижается, и считает его придурком, и завидует ему — всего намешано в её не взрослеющей душе.

4 октября. Маруся

Года за два с чем-то до войны дочка Катерины Настя купила себе щенка, оказавшегося сучкой, назвала его Марусей, поселила у себя в комнате и стала воспитывать.

В этой комнате она жила с восьмого класса уже не членом семьи, а по существу квартиранткой: сама себе стирала и гладила, часто готовила, приводила, никого не спрашивая, гостей обоего пола, кого-то иногда оставляла ночевать. С девятого класса стала что-то зарабатывать себе на жизнь. Где именно, как и сколько — никого не касалось.

Маруся быстро выросла и окрепла, но осталась почти такой же крошкой, какой была куплена, — меньше самой изящной кошечки. Глядя на неё, муж Катерины, а Настин отчим Максим недобро отзывался о неведомом заграничном селекционере, который то ли по приколу, то ли по прихоти какой-то богачки вывел такую породу.

Более того, Маруся оказалась не способной лаять. Во всяком случае, никто из домашних не слышал её лая ни по своему адресу, ни на кого-либо из приходящих. Не откликалась она и на лай соседских собак. Явилось подозрение, что такая, значит, порода. Если эти грёбаные селекционеры смогли свести нормальные собачьи габариты до крысиных, то что им мешало — тоже в угоду какой-нибудь богатой двуногой сучке — вывести глухонемую четвероногую?!

Вскоре, однако, выяснилось, что Маруся хоть и немая, но слава богу, не глухая, и очень даже по-хорошему не глухая. Ничего ей так не нравилось, рассказывала Настя отчиму, как слушать, замерев, музыку. От Шопена на её глазки наворачивались слёзы. Как она, то есть Настя, могла разглядеть слёзы у такой крохи, понять невозможно, говорил Максим Катерине. Той слушать Настины рассказы о её сучке было некогда: на ней был дом, огород в сорок соток, двор, забитый птицей, отара овец из тридцати голов.

Когда началась война, Настя записалась в армию, купила себе обмундирование, тёплое бельё, обувь, рюкзак и прочее, что ей то ли посоветовали, то ли приказали в военкомате. Посоветовали или приказали, Катерина не стала вникать, а дочка в это её не посвятила, как и во все своё остальное с восьмого класса.

В новом наряде Настя прошлась, слегка покачивая бёдрами, по двору. Отчим сказал, что эту форму следовало бы внедрить в моду для всей женской части гражданского населения — она только прибавляет интереса ко всему, что под нею.

Перед отъездом в часть Настя передала Катерине ключ от своей комнаты и отпечатанную на принтере инструкцию насчёт Маруси с упором на то, что девочка любит, чтобы её хотя бы раз в сутки расчёсывали, уделяя особое внимание хохолку.

Так Катерина впервые за несколько лет побывала в комнате дочки. У порога лежал Марусин водонепроницаемый коврик, в углу, в крошечном размалёванном шкафчике — её посуда и небольшой запас корма. Теперь требовалось каждое утро выпускать её во двор, менять воду в блюдце, в полдень всю её расчесать, что-то подстричь, подправить хохолок. Ничего вроде трудоёмкого, но в перечень ежедневных дел всё-таки добавка, отчасти досадная, ибо ничто не должно быть пропущено или сокращено. Настя звонит каждый день и первым делом интересуется Марусей, а когда спешит, то больше ничем.

Где находится дочка, Катерина не знает. Со слов Насти ей известно только то, что в шести часах езды легковой машиной. В какой стороне света, соображай сама. Такой порядок сам собою установился с первых дней войны и спокойно принят всеми в Украине, кого он касается. Через пару месяцев после отъезда Насти ушёл в армию и Максим, и где он находится со своей частью и чем там занят, тоже неизвестно. Звонит раз в неделю, по воскресеньям. Насте Катерина звонит сама, каждый день.

С месяц назад к Катерине явился солдат с поручением взять Марусю и доставить Насте в часть. Он привёз четверых раненых в больницу для заключительного лечения. На заднее сиденье его машины была перенесена подстилка, на неё помещена Маруся с наказом вести себя всю дорогу так, чтобы водителю не пришлось отвлекаться на её капризы и разные происшествия с нею. Каждый час Катерина справлялась, как выполняется этот наказ. Вела себя сучка всю дорогу отменно. На все звонки солдат отвечал одинаково: «Спит ваша Маруся».

Главным из существенного, что сообщила через день Настя, было то, что почти сразу после их встречи Маруся наконец залаяла. Катерина поинтересовалась, как это произошло.

— Не знаю. Может, она испугалась, — вырвалось у Насти.

— Чего испугалась? — крикнула Катерина. — Пальбы?! Взрывов?!

— Ой, тебе всюду взрывы слышатся, — сказала Настя. — Я её не спрашивала. Залаяла — и ладно, и хорошо. Ничего с нею не случилось.

— А если с тобой что случится? — вырвался у Катерины вопрос, задавать который Настя запретила ей ещё в день отъезда.

— Не беспокойся. Марусю тебе доставят в целости и сохранности, я договорилась.

В этом месте своего рассказа Катерина встала из-за стола, за которым перебирала стручки гороха.

— Вы тут немного посидите, а я пойду поплачу.

11 октября. Полезная теория

В ходе очередной боевой операции этот человек был ранен, сколько-то времени провёл сначала в госпитале недалеко от постоянного расположения его части, потом — в больнице на родине. Перед возвращением на службу он зашёл ко мне. Мы были товарищами с его отцом, которого он успел похоронить перед выпиской.

Ему около сорока лет, заканчивал исторический факультет, работал много где и много кем, только не по дипломной специальности. Уже заметно лысоват, а бородка пока сплошь чёрная и густая, глаза спокойные. Назову его Борисом. Кое-что рассказывал о своих давних и недавних боевых приключениях. Вот что діється на свете: то, что было год-полтора назад, уже считается давним.

Я жадно его расспрашивал, довольный, что человек хоть что-то рассказывает, в отличие от всех, с кем пришлось до сих пор встречаться. Я говорю о нюхавших пороха. Так их и узнаю:

помалкивает — значит нюхал своим, а не чьим-то носом. Этот оказался исключением: и нюхал своим носом, и рассказывает своими словами.

Он доброволец, служит рядовым в разведывательно-диверсионном подразделении. Задания, которые получает его отрядец, обычно, по его словам, интересные, особенно те, за выполнение которых не обязательно браться. Я не знал, что такие бывают. Да, говорит, бывают: на любителя, на охотника «повоевать» — такое употребляется слово. Согласился — молодец. Попытался выполнить, но не смог — ничего страшного, хорошо хотя бы то, что остался жив для другого раза.

— Это, как я понимаю, что-то вроде происшествий, которые устраиваются во вражеском тылу? — спросил я.

— Ну где-то так.

Ранен он был, правда, в ходе не происшествия, а полноценной операции, в которой было задействовано несколько десятков человек и даже серьёзная техника. Проникли на сторону противника в точке, где их не ждали. Борис запомнил первых двух из тех русских, которым пришлось встречать гостей.

— Один не успел ничего понять. Его снесла первая очередь с баунига. Второй, честно говоря, вызывает уважение. Против него одного — два наших танка и БТР. Он открыл огонь по танку с ПКМ. Наш пулемётчик сначала перебил ему ноги. Он начал отползать по полю. Вторая очередь разорвала его пополам. Наши артиллеристы не дали подойти к нам двум русским танкам. Могли разобрать нас в два выстрела, но были вынуждены удирать, петляя по собственным полям.

Первый из двух намеченных населённых пунктов был взят быстро и без потерь, но это было только начало.

— В соседнем населённом пункте базировались четыре их танка. Они не давали нам покоя целый день и всю ночь. Меняешь позицию — тут же тебя засекает их дрон, и через минуту по тебе начинает работать танк с расстояния в несколько километров. Танк — это страшная зверюка. Хуже «Града». К счастью, в тот день ни одного прямого попадания не случилось. У нас не было ни одного убитого, но, правда, много раненых, включая тяжёлых.

Он вздохнул:

— И очень много контуженых. Обычная вещь. Кругом взрывы, а наши без наушников. Одни их не любят, другие забывают надевать, кто-то — из понтов. Да, понты или небрежность. Забыл, например, проверить батарейки перед боем. Или слушает рацию, сдвинув наушник с одного уха, а тут вдруг прилёт. Хлоп — и контузия, настоящая или надуманная — известны и такие случаи.

Я задал ему вопрос, который показался ему одновременно и странным, и правомерным. Разве, спросил я, командиры не приказывают солдатам беречься посредством наушников? Он снова вздохнул и сказал, что не только этого, но многих других, вроде бы нужных приказов нет.

— Да почему же?!

— Да потому что у начальства нет сил и времени на все приказы и на проверку выполнения.

В стандартный комплект солдатской экипировки наушники до последнего времени не входили, а входят ли сейчас, Борис не знает. Вообще этот комплект редко бывает полным, а правду сказать — никогда. Наушники — это полторы-две тысячи гривен. Такую сумму солдат может себе позволить из своего жалованья. Но к ним нужна каска, а это уже от 6 до 20 тысяч гривен.

Я вспоминаю байки про морскую пехоту во время Второй мировой войны. Идя в атаку, сухопутные моряки будто бы снимали каски и доставали из-за пазух бескозырки.

— Могло быть где-то и такое, — говорит Борис. — По крайней мере, несколько раз за войну. Личную ярость никто не отменял. Когда знаешь, что можешь быть убит в любую минуту, а спасения не будет ниоткуда, то вполне можно вынуть бескозырку… Но главное все-таки — грамотная подготовка и грамотное проведение военной операции — и самой крупной, и самой мелкой. В целом всё решает как раз это.

Я делюсь с ним мыслью, которая мне пришла в голову однажды много лет назад, во время чеченской войны, когда пришлось несколько раз побывать под обстрелами. Это мысль о том, что если бы всё, что выстреливается обеими сторонами — все пули, снаряды, бомбы, — попадало в цели, то всякий бой и всякая война заканчивались бы мгновенно из-за того, что не оставалось бы никого в пригодном к бою состоянии.

— Грамотность и осторожность, — повторяет Борис. — Грамотность — это часто и есть осторожность. Ночью под прикрытием своих четырёх танков в нашу дислокацию заходила русская пехота с БМП. Зашла вроде грамотно, но сунуться в бой остереглась. Почему? Оправданная с их стороны осторожность. Во-первых, они не знали, сколько нас и что при нас. А нас было только девять человек, и мы были без гранатомётов. Мы всё-таки, услышав их голоса, решили дать бой, уже приготовились, но они, видимо, посоветовались и отошли, потому что кроме всего прочего кругом ночь.

Когда отряд, выполнив задачу, стал выходить из взятого им населённого пункта, его подобрал БТР. Когда он для этого чуть-чуть сдвинулся на обочину, под ним взорвалась мина. Водитель был ранен. Пришлось продолжать пеший ход. Русские танки палили вдогонку.

— Нас спас экипаж МТЛБ. Ребята не побоялись выехать нам навстречу под обстрелом. По дороге назад подобрали всех, включая смежников. Это где-то человек пятьдесят. А то шли и поминутно валились. В МТЛБ русские пытались попасть, но ни разу не попали, слава богу.

Он показал видео на своём телефоне. Вот современная война… Солдаты снимают друг друга в боевой обстановке. Вот сам Борис мелькнул на две секунды с трубой разведчика за спиной, вот в кадре оказался тот механик-водитель, который позже спасёт всю группу. Сразу всех забрать было невозможно, не хватало места — вернулся и забрал остальных. Второй их танк был подбит в самом начале операции. Экипаж погиб.

В продолжение всего разговора Борис отказывался садиться — говорил, прохаживаясь по комнате.

— Вы всё-таки сядьте, — сказал я ему наконец почти умоляюще. — Что за разговор стоя?

Он сказал, что я могу сесть, а он всё-таки будет прохаживаться.

— Тогда и я буду стоять, — сказал я. — Странно будет, если один сидит, а другой перед ним на ногах. Это выглядит так, будто один начальник, а другой перед ним — вызванный на ковёр.

В конце концов Борис, нерешительно потоптавшись, сообщает, что у него «ранение Форреста Гампа». Во Вьетнаме тот был ранен в место, называемое по-украински сракой, по-русски — жопой. Неизвестно с каких времён во всём мире считается, что это смешно. В голову или там спину — не смешно, а в жопу — смешно.

После больницы Борис остался годным к службе в своём спецназе, но пожить и послужить некоторое время придётся стоя, а спать только на животе.

Ранен он был в том бою, о котором много писали. Бой был в не совсем обычных условиях, о которых не будем распространяться. Обстреливать с САУ их начали ещё минут за десять до подхода к месту назначения. Первый их танк подорвался на мине. Другой сразу накрыло ПТУРом. Убило механика-водителя. Отряд успел спешиться с первого БМБ, до того как в него попал второй ПТУР. Какое-то время прятались в заминированной лесополосе от работы САУ. Два оставшихся БМП тоже успели спрятаться в посадку, они и обеспечили эвакуацию. Несколько раненых…

Борис говорит, что в целом, по его оценке как рядового участника, обе операции, следовавшие одна за другой без перерыва, были вполне грамотные. Особенно хорошо показала себя артиллерия.

— Это настоящие ангелы, скажу вам! В целом, с нашей стороны я впервые вижу такую координацию по всем задействованиям.

Операцию, в которой он был так скандально повреждён, Борис называет мелко-средней. Мелкая — потому что в ней было задействовано меньше сотни личного состава, пара танков, несколько стволов артиллерии. Средней — потому что о ней было много разговоров даже в России. Свою задачу подразделение выполнило не полностью, но всё же оно смогло занять выгодные позиции в густонаселённой местности противника и передать их подоспевшей уже обычной, не спецназовской части.

Не для того, чтобы ему польстить, я сказал об одной бросающейся мне в глаза особенности этой войны: не редкость встретить рядового бойца, который рассказывает и рассуждает о ней языком офицера.

— Это добровольцы, — кивнул он.

Я сказал также, что взрывная волна, как известно, может поражать человека не только через уши — она бьёт по всему телу, затрагивает всё в организме, но, увидев, что он насторожился, не стал развивать это положение. Мне показалось, что он будет его оспаривать. Пусть остаётся при своей теории, что спасение только в наушниках, тем более что от неё ничего, кроме пользы, быть не может.

Чужая сперма

Сколько-то лет назад в киевском еженедельнике «Комментарии» я напечатал заметку под таким названием. В ней был абзац об одной сцене в романе Оксаны Забужко. Видная тележурналистка передовых взглядов и большого гражданского мужества раскаивается в своём многолетнем распутном поведении.

В частности, она с особым стыдом вспоминает, как во время одного из свальных приключений лежит на полу посреди себе подобных особей обоего пола, «заляпанная чужой спермой и со страпоном в руке».

Я поделился с читателями вопросом автору, что значит чужая сперма. Не мужняя? Или, может быть, идейно чуждая? Ответа не последовало.

И вот недавно в одном застольном литературном разговоре я вспомнил эту историю. Выслушав её, хозяйка дома отлучилась готовить кофе. Вернувшись, сообщила, что, обдумав за этим занятием услышанное, пришла к выводу, что выражение «чужая сперма» не только вполне уместно, но очень точно, проницательно передаёт то, что чувствовала тогда героиня романа. Семя нелюбимого, случайного мужчины, оно-то, мол, и есть чужое — какое же ещё?

Я вынужден был на своей ФБ-странице отдать должное такому толкованию. Среди откликов на мою заметку оказалось письмо Виктории Черненко, студентки Харьковского медицинского института. Она сообщила, что вопрос о чужой сперме она обсудила со своими подругами в группе. «Вы, конечно, знаете, — написала она, — какое участие в судьбах Украины на протяжении более трёх столетий принимала русская сперма.

Против неё ничего не имели наши матери и старшие сёстры. Но мы постановили положить этому конец. Наше решение единогласное: русская сперма для нас отныне действительно чужая».

На это я написал Виктории, знает ли она и её подруги, будущие врачи, русскую пословицу: «Любовь зла — полюбишь и козла». «Всё мы знаем, — ответила она, — поэтому и приняли такое решение».

* * *

«Сношайтесь, чернобровые, только не с русской солдатнёй!» — так я бы перевёл знаменитую строку Тараса Шевченко: «Кохайтеся, чорнобриві, та не з москалями», потому что так эту строку поняли её первые читательницы-украинки почти двести лет назад. Во всяком случае, те, что жили в моём селе. Тогда «москалями» были для них не все русские, а только солдаты российской армии, чей срок принудительной службы составлял двадцать лет. С годами это слово стало всё чаще относиться ко всем русским, пока не сделалось почти ругательным. Впрочем, и сегодня оно не считается безоговорочно таким. Опять же: в моём селе. Вполне добродушно называют себя «москалями» и мои друзья из Солдатского — это русское село в Украине, 15 километров от моей чисто украинской Рябины.

На него, на это русское Солдатское, упали первые бомбы из России 24 февраля 2022 года. Через него, это Солдатское, спокойно, уверенная, что за день достигнет Киева, шла первая колонна российской армии. Сидевший на скамейке за воротами своего двора мой приятель, старый агроном Назаров, насчитал больше трёхсот единиц техники — от танков, бронемашин, самоходных артиллерийских установок до передвижных медпунктов — и каждый час докладывал о своём подсчёте в украинский штаб. А Путин… Путин-то, посылая своё войско в Украину, был уверен, что этот, живущий в Украине русский человек будет докладывать, что и как, его, Путина, людям, а эту колонну — встречать приветственными криками.

Так вот, теперь, через двести лет после того, как Тарас Шевченко дал совет моим односельчанкам не падать в объятия российских солдат, именуемых москалями, праправнучки тех чернобровых берут за правило пренебрегать не только москалями, но любыми русскими. Психологи знают, что бывают такие самовнушения, перед которыми пасуют даже самые сильные биологические, чисто животные позывы.

Конец

В издательстве Freedom Letters
вышли книги:

Дмитрий Быков
VZ. Портрет на фоне нации

Сергей Давыдов
СПРИНГФИЛД

Светлана Петрийчук
ТУАРЕГИ. СЕМЬ ТЕКСТОВ ДЛЯ ТЕАТРА

Вера Павлова
ЛИНИЯ СОПРИКОСНОВЕНИЯ

Сборник рассказов для детей 10–14 лет
СЛОВО НА БУКВУ «В»

Дмитрий Быков
БОЛЬ-
ШИНСТВО

Ваня Чекалов
ЛЮБОВЬ

Демьян Кудрявцев
ЗОНА ПОРАЖЕНИЯ

Евгений Клюев
Я ИЗ РОССИИ. ПРОСТИ

Алексей Макушинский
ДИМИТРИЙ

Александр Иличевский
ТЕЛА ПЛАТОНА

Сборник рассказов
МОЛЧАНИЕ О ВОЙНЕ

Людмила Штерн
БРОДСКИЙ: ОСЯ, ИОСИФ, JOSEPH

Людмила Штерн
ДОВЛАТОВ — ДОБРЫЙ МОЙ ПРИЯТЕЛЬ

Шаши Мартынова
РЕБЁНКУ ВАСИЛИЮ СНИТСЯ

Shashi Martynova
BASIL THE CHILD DREAMS
Translated by Max Nemtsov

Алексей Шеремет
СЕВКА, РОМКА И ВИТТОР

Сергей Давыдов
ПЯТЬ ПЬЕС О СВОБОДЕ

Ася Михеева
ГРАНИЦЫ СРЕД

Виталий Пуханов
РОДИНА ПРИКАЖЕТ ЕСТЬ ГОВНО

Юлий Дубов
БОЛЬШАЯ ПАЙКА
Первое полное авторское издание

Юлий Дубов
МЕНЬШЕЕ ЗЛО
Послесловие Дмитрия Быкова

Илья Бер, Даниил Федкевич, Н.Ч.,
Евгений Бунтман, Павел Солахян, С.Т.
ПРАВДА ЛИ
Послесловие Христо Грозева